굿바이, 잡 **스트레스**
JOB STRESS MANAGEMENT

굿바이, 잡 스트레스

지은이 | 도홍찬
펴낸이 | 김성은
편집기획 | 조성우 · 손성실
마케팅 | 이준경 · 이용석 · 김남숙 · 이유진
표지 · 편집디자인 | 하람 커뮤니케이션(02-322-5405)
인쇄 | 중앙 P&L(주)
제본 | 대흥제책
펴낸곳 | 타임스퀘어
출판등록 | 제313-2008-000030호(2008. 2. 13)

초판 1쇄 발행 | 2008년 8월 20일
초판 2쇄 발행 | 2009년 3월 20일

주소 | 121-816 서울시 마포구 동교동 113-81 (1층)
전화 | 편집부 (02) 3143-3724, 영업부 (02) 335-6121
팩스 | (02) 325-5607

ISBN 978-89-93413-00-7 (13320)

ⓒ 도홍찬, 2008, Printed in Korea.

- 잘못된 책은 바꾸어 드립니다.
- 책값은 뒤표지에 있습니다.

굿바이, 잡스트레스

JOB STRESS MANAGEMENT

도흥찬 지음

타임스퀘어

머리말

스트레스는 내 생활의 일부분이다

내가 직장생활을 시작한 지 20여 년이 흘렀다. 그동안 여러 회사를 다녔고 여러 부서에서 많은 상사나 후배와 같이 일했다. 때로는 상사나 동료 때문에 그리고 후배 때문에 힘들었고 때로는 도저히 잘할 수 없는 일 때문에 스트레스를 받았다.

그럴 때마다 회사를 그만두고 싶었고 어디론가 도망가고 싶었다. 때로는 극단적인 생각도 했지만 나는 지금까지 잘 살아 있다. 그리고 한 가지 일을 꾸준히 하면서 아직까지 직장생활을 열심히 하고 있다.

힘들 때는 술을 미치도록 마시면서 미워하는 사람을 욕하기도 했고, 하루 종일 시체처럼 무기력하게 누워 있기도 했고, 피로 회복제와 근육 이완제를 먹기도 했으며 무작정 멀리 여행을 떠나기도 했다. 많은 직장인들이 정도의 차이는 있지만 나와 비슷하게 힘든 생활을 하리라 생각한다. 그러나 아무도 자신 있게 회사를 그만두고 멀리 떠날 수 없다. 살아 있는 한 돈을 벌어야 하는 것은 직장인의 숙명이다.

나는 우연한 기회에 스트레스에 대해 공부를 했다. 그리고 공부를 더 열심히 하기 위해 책도 읽고 배운 내용을 정리해서 강의도 시작했다. 지금까지 훌륭한 강의를 한 것은 아니었지만, 청중이나 학습자보다 나 자신에게 스트레스 강의는 많은 도움이 되었다. 강의를 하면서 나 자신에게 스트레스에 대해 배운 것을 더 많이 실천할 수 있었기 때문이다.

나에게 공부한 내용을 적용하고 그것을 다른 사람에게 가르치면서 스트레스에 대한 학습이 사람들에게 정말 도움이 된다는 확신을 가지게 되었다. 그리고 이제 많은 분들에게 직장에서 성공하거나 행복하고 싶다면 스트레스에 대한 공부를 하라고 권하고 있다.

서점에는 스트레스에 관한 좋은 책들이 많다. 내가 쓴 책이 결코 다른 책보다 좋을 것이라고 생각하지 않지만, 내가 공부하고 생각하고 적용해본 아이디어를 한 번 정리하는 것도 의미 있는 일이라 생각하게 되어 이렇게 책을 내게 되었다.

직장인에게 스트레스는 항상 자신을 따라다니는 그림자와 같은 것이며, 또한 지갑 속의 카드같이 좋은 것을 얻을 수 있지만 대가를 지불해야 하기도 한다. 자의든 타의든 스트레스는 내 생활의 일부분이다. 스트레스가 나를 망칠 수도 있지만 적절하게 다룰 수 있는 방법을 학습한다면, 고통을 덜 수도 있고 또한 자신을 발전시킬 수 있는 에너지를 만들어낼 수도 있으리라 생각한다.

모든 직장인들이 한두 가지 스트레스 대처법을 가지고 있으리라 생각한다. 그러나 성공하거나 이미 많은 것을 성취한 사람들일수록 스스로 체득한 스트레스 대처법을 많이 가지고 있으리라 생각한다.

이 책은 전문가나 성공한 사람을 위한 책이라기보다 현재의 삶에서 좀더 나은 삶을 살고자 고민하는 직장인에게 도움이 되리라 생각한다. 이 책이 일과 인간관계의 무게로 힘들어 하는 직장인들에게 어깨 위의 짐을 효율적으로 덜어줄 수 있는 작은 지침이 되기를 희망한다.

2008년 8월 도홍찬

차 례

01 스트레스란 무엇인가

누가 스트레스를 많이 받는가? ··· 12
나는 스트레스를 이겨낼 능력이 있는가? ··· 15

02 스트레스를 받으면 생기는 변화

스트레스를 받으면 강한 힘이 생긴다 ··· 20
스트레스를 받았을 때는 도망가거나 싸운다 ··· 23
스트레스를 받으면 문제 해결력이 떨어진다 ··· 26
스트레스를 받으면 기억력이 떨어진다 ··· 31

03 직장에서 발생하는 5가지 스트레스

나는 일이 너무 많아 항상 바쁘다 ··· 38
책임감을 구분하라 ··· 41
지시와 요구를 명확하게 하라 ··· 44
평가 기준을 명확하게 하라 ··· 49
역할 기대의 갈등 스트레스 ··· 53

04 신체 훈련을 통한 스트레스 대처법

몸이 마음을 움직인다 ··· 60
자신의 신체를 점검하라 ··· 64
스트레스 관리는 심장 관리다 ··· 68

호흡을 가다듬어라 ··· 72
몸의 긴장을 풀어야 한다 ··· 76
스트레스를 이기기 위해서는 잘 먹어야 한다 ··· 78

05 생각 훈련을 통한 스트레스 대처법

스트레스를 받으면 부정적인 사고를 한다 ··· 84
스트레스를 받으면 목표를 생각하라 ··· 87
긍정적안 사고방식은 빛을 보게 한다 ··· 91
자신에게 긍정의 말을 하라 ··· 94
무능력감에서 벗어나라 ··· 98
자신만의 자긍심 프로그램을 만들어라 ··· 102
새로운 시도를 하라 ··· 106

06 감정 훈련을 통한 스트레스 대처법

감정은 신체적·생리적 현상을 동반한다 ··· 112
상황에 맞는 적절한 감정을 표현하라 ··· 116
상대방에게 감정적 기대를 줄여라 ··· 120
감정이입을 통해 내 감정을 치유하라 ··· 123
감정도 스트레스를 받는다 ··· 126
아름다움은 스트레스를 치유한다 ··· 129
감사는 나를 행복하게 한다 ··· 133
용서는 자신을 보호하는 행위다 ··· 137

07 9가지 성격 유형과 스트레스

성격이 스트레스를 만든다 ··· 142
자신의 성격을 진단한다 ··· 144
유형 1 : 원칙을 중시하는 완벽주의자 ··· 149

유형 2 : 타인을 잘 도와주는 도우미 … 153
유형 3 : 성공을 추구하는 성취인 … 157
유형 4 : 감정의 기복이 크고 섬세하며
내적 아름다움을 추구하는 예술가 … 162
유형 5 : 관찰을 좋아하며 지식에 대한 탐구심이 강한 관찰자 … 168
유형 6 : 성실하며 안정을 추구하는 충직한 사람 … 173
유형 7 : 변화와 자유, 즐거움을 갈망하는 자유인 … 178
유형 8 : 어렵고 힘든 일에 도전하는 도전인 … 183
유형 9 : 갈등을 회피하고 편안함을 추구하는 평화주의자 … 188

08 스트레스와 습관

시간은 가치관과 연결되어 있다 … 196
'노NO'라고 말하라 … 199
'예스Yes'와 '노No' 사이에서 … 202
지나친 통제는 스트레스를 불러온다 … 206
일을 미룰수록 스트레스가 증가한다 … 209

09 성공하는 직장인의 스트레스 대처법

스트레스를 이길 수 있는 3가지 습관 … 214
하루를 행복으로 마무리하라 … 220
먼 곳을 바라보는 습관을 가져라 … 223
힘든 일을 즐겨라 … 226
긍정적인 측면을 발견하라 … 229
자신의 몸 상태와 주변 상황을 점검하라 … 232
스트레스 대처 계획을 세워라 … 235

Good Bye, Stress

CHAPTER 01

스트레스란 무엇인가

스트레스 강도를 다르게 느끼게 하는 첫 번째 요인은 상황에 대한 나의 인식과 평가다. 자신이 상황을 어떤 식으로 해석하는지에 따라 달라진다는 것이다. 두 번째 요인은 갈등 상황을 내가 처리할 수 있는 능력이 있는가 하는 자신의 능력에 대한 평가에 따라 그 강도가 달라진다.

누가 스트레스를 많이 받는가?

김 대리는 입사 5년차인데도 부장에게 고객과 했던 거래를 제대로 보고하지 않았다고 혼이 난다. "아니 대리가 이렇게 밖에 일을 못해"라고 부장이 소리를 지르고 김 대리는 가만히 듣고 있다. 이 상황에서 상사와 부하 중 누가 더 스트레스를 받을까?

김 대리는 부장에게 혼나고 열 받아서 회사를 그만둘까 하는 생각이 들고 남들 앞에서 창피를 준 부장을 속으로 욕한다. 그리고 저녁에 동료들과 술자리에서 부장을 술안주로 삼는다. 부장도 부장대로 화가 나서 다른 부장 동료들을 만난 자리에서 요즘 부하들이 자신들이 일할 때와 너무나 일하는 태도가 좋지 않고, 기본이 되어 있지 않다고 불만을 털어놓는다.

직장에서 상사와 부하 간에 갈등이 없을 수 없다. 이런 갈등이 생기면 사실은 양쪽 모두 스트레스를 받는다. 부하는 상사 때문에 일을 못하겠다고 아우성이지만, 상사는 골치 아픈 부하 때문에 골머리를 앓는다.

그렇지만 상사와 부하 모두 받은 스트레스의 강도는 다르게 느낄 수 있다. 그것에 영향을 주는 것은 갈등 상황에 대한 해석의 차이이다.

만약 상사가 시간이 지난 후에 부하직원이 자신의 기대에 맞는 훌륭한 후배 직원으로 성장할 것이라는 믿음이 있다면, 스트레스 강도는 크지 않을 것이다. 또한 부하를 가르쳐서 변화시킬 수 있다고 생각하면, 지금의 업무 수준이 만족스럽지 않은 것은 일시적이라고 생각할 것이다. 그러나 그 부하가 자신이 다루기가 너무 힘들고 발전도 없으리라는 생각이 들면 더욱 화가 날 것이다.

부하직원도 마찬가지이다. 상사가 자기에게 당장은 화를 내지만, 자신이 노력하면 언젠가는 상사를 만족시킬 수 있고 결국에는 상사도 자신의 능력을 인정할 것이라는 믿음을 갖고 있다면 스트레스 강도는 덜할 것이다.

이렇게 똑같은 상황이더라도 그것을 어떻게 받아들이는지에 따라 스트레스 강도는 달라진다. 스트레스 강도를 다르게 느끼게 하는 첫 번째 요인은 상황에 대한 자신의 인식과 평가로 자신이 상황을 어떤 식으로 해석하는지에 따라 달라진다. 두 번째 요인은 갈등 상황을 자신이 처리할 수 있는 능력이 있는가 하는 자신의 능력에 대한 평가에 따라 그 강도가 달라진다.

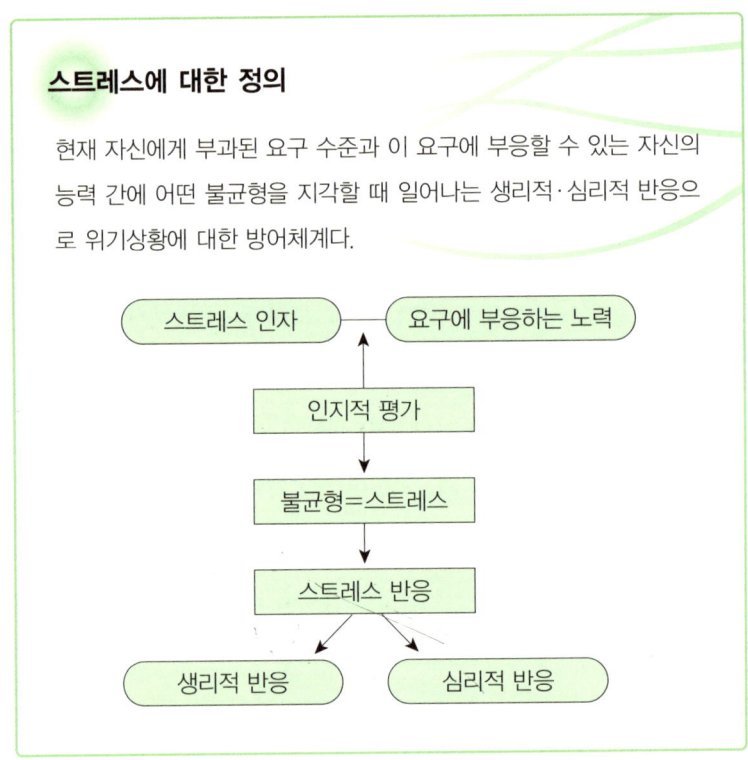

스트레스는 지금의 문제가 아니라 그것을 어떻게 받아들이는지에 달려 있다.

나는 스트레스를
이겨낼 능력이 있는가?

 부부가 저녁식사를 하다가 갑자기 아내가 남편에게 "우리 새 차 한 대 뽑을까?" 하고 이야기한다. 남편은 이 상황에서 스트레스를 받을까? 아마도 최근에 주식을 해서 아내 몰래 10억 원 정도 확보해둔 돈이 있다면, 꼭 차를 살 마음이 없더라도 여유 있게 대답할 것이다. "당신 어떤 차에 관심이 있어? 요즘 새로 나온 차가 뭐지?" 하고 관심을 갖고 물어볼 것이다.

 그러나 남편이 돈이 없고 회사 사정도 좋지 않거나 최근에 냉장고도 바꾸고 아파트 거실 바닥공사도 해서 지출이 많다면, 바로 화를 낼 것이다. "도대체 당신 정신이 있어" 하는 말과 함께 아내의 경제 개념에 대한 질책과 아이들 대학교까지 공부시킬 걱정까지 미래에 대한 불안이 한꺼번에 밀려오면서 마음이 답답해지는 것을 느낄 것이다.

스트레스를 불러일으키는 원인은 저녁을 먹으면서 하는 아내의 말과 같이 개인의 삶에서 일어나는 간단한 것에서부터 복잡한 것까지 개인에게 영향을 끼치는 다양한 변화들이다. 그런 변화를 내가 해결할 수 있는 능력이 있다고 생각하면, 스트레스를 받지 않는다. 그러나 그것을 제대로 해결할 수 없다면, 그때부터 스트레스를 받기 시작한다. 앞의 예에서도 차를 살 수 있을 것인가 하는 능력에 대한 평가는 객관적인 요소도 있지만, 주관적인 요소도 많다.

'마음의 부자'라는 말이 있듯이 현재 돈이 없더라도 자신이 5년 후에 확실하게 5억 원이 생길 것이라는 믿음을 갖고 있는 사람은 아내가 차를 사자고 했을 때 매우 여유 있게 대처할 것이다. "당신이 그런 차에 관심이 있어? 그런데 지금은 좀 어렵고 2년 후에는 살 수 있을 것 같아"라고 대답할 수 있다면, 같은 자극에 대해서도 스트레스를 덜 받을 것이다.

현재 돈이 많아도 작은 씀씀이에 스트레스를 받는 사람이 주변에 많다. 그들은 앞으로 수입이 줄어들 것이라는 불안감을 가지고 있고 쓸 곳을 너무 많이 생각하기 때문이다. 돈은 가지고 있지만 돈을 벌 수 있는 능력에 대한 자신감이 부족하기 때문에 돈을 쓸 때마다 스트레스를 받는다.

직장에서도 조금 힘든 일을 시키면 걱정을 많이 하고 할 수 없는 이유를 구구절절 대는 사람이 있다. 자신이 잘할 수 없다는 생각이 그들을 위축시키고 회피하게끔 만든다. 만약에 일이 많고 힘들더라도 과거에 유사한 일을 해본 경험이 있고 그 방법을 알고 그것을 할 수 있다면, 스트레스를 덜 받을 것이다. 자신의 능력에 대한 부정적인 평가가 스트레스를 강하게 느끼게 하는 커다란 원인이다.

> **스트레스의 유래**
>
> 스트레스Stress는 "팽팽하게 조이다"라는 뜻의 라틴어 스트린제레 Stringere에서 유래한 말이다. 1954년 캐나다 의사 한스 셀리Hans Seyle가 처음으로 사용했으며, 정신적 압박감·신체적 긴장·정서적 불안·불안정한 행동 등을 유발시킨다. 스트레스는 '만병의 근원', '조용한 살인자'라고 불린다.

스트레스는 위기상황에서 자신이 무능력하다는 것을 인식하면서부터 시작된다.

CHAPTER 01 스트레스란 무엇인가

Good Bye, Stress

CHAPTER 02

스트레스를 받으면 생기는 변화

상사가 스트레스를 받고 있다고 생각되면 그때의 모습을 관찰해보라. 분명 눈빛이 강하고 목소리는 약간 갈라지고 건조하고 어깨는 긴장되어 있을 것이다. 몸은 앞으로 치우쳐 있고 얼굴에는 웃음이 없다. 이런 모습을 발견했다면 당신은 어떻게 해야 하는가? 그는 마치 상처를 받고 도망을 가다 자신보다 약한 동물을 만난 늑대와 같다. 당신이 상사보다 약자라면 그는 별것 아닌 것으로 분명 당신을 질책할 준비가 되어 있다.

스트레스를 받으면
강한 힘이 생긴다

　우리가 스트레스를 받으면 몸속에는 여러 가지 스트레스 호르몬이 생긴다. 그 중에서 대표적인 것은 카테콜라민catecholamine 과 코티졸Cortisol이다.

　카테콜라민이라는 호르몬은 혈관을 수축시켜 혈압을 올리는 구실을 한다. 카테콜라민을 통해 혈압이 상승하면 우리 몸의 에너지원인 혈액은 혈관을 통해 빠른 속도로 필요한 곳에 옮겨져 문제에 대응하게 된다. 코티졸이라는 호르몬은 간에서 포도당을 만들어 신체에서 바로 사용할 수 있는 에너지를 만들어주는 기능을 한다.

　이 두 가지 스트레스 호르몬은 신체에 순간적으로 많은 에너지를 빨리 만들고 필요한 곳에 빨리 전달하게 함으로써 신체에 생기를 불어넣고 위기상황에 빠르게 대응을 할 수 있게끔 도와주는 구실을 한다.

국가가 외부의 적에게 침입을 받으면, 대통령은 국민들에게 비상사태를 선포하고 정상적인 생계 활동을 최소화하고 모든 인력과 자원을 적을 막는 데 신속하게 결집시킨다. 그렇듯이 우리 몸은 스트레스 자극이라는 자신을 위협하는 적에 직면하고 신체 내부에 비상사태를 선포하게 된다. 그리고 일차적으로 위기상황을 해결하는 데 모든 에너지를 사용하게 한다.

이와 같이 스트레스를 받으면 우리는 신체적으로 강해진다. 특히 지진, 교통사고, 건물 붕괴와 같은 위기상황에서 우리의 몸은 평상시보다 강하고 빠르게 잘 대응을 해나간다. 이런 신체적인 빠른 적응을 도와주는 것이 스트레스 반응이라고 볼 수 있다. 스트레스 반응은 자연재해나 동물의 위협이 많은 원시시대에서는 생존에 필수적이었다. 그런 위기상황에서 도망가든지 대항해서 싸우든지 순간적으로 강한 에너지를 생성시키는 것은 생존에 필요한 신체적 작용이었다.

현대사회에서는 과거와 달리 물리적·환경적 위협보다 정신적 스트레스가 많다. 상사의 부당한 지시와 오해, 고객의 무리한 요구, 자신과 동료의 의견 충돌 등이 자신에게는 생존을 위협하는 스트레스 원인으로 작용한다. 그러나 현대사회에서는 스트레스를 주는 고객과 상사를 피하거나 그들과 싸울 수 없다. 그것은 마치 하루 종일 차를 운행하지 않고 제자리에서 공회전시켰을 때 연료만 소비되고 오히려 운행했을 때보다 엔진이 손상되듯이 스트레스에 대해 아무런 반응을 하지 못하는 것은 자신의 몸을 더 상하게 만든다.

특히 정신적으로 받는 스트레스는 모호하고 예측이 불가능해서 육체적인 스트레스보다 다루기 어렵고 시간이 지나더라도 잘 적응이 되지 않는다. 지속적이고 장기적인 정신적 스트레스는 에너지 생성과 전달 체계에 관련된 신체 장기인 간, 심장, 혈관, 폐에 무리를 주게 된다.

적이 성 밖에서 쳐들어오지 않고 농성을 하면서 심리전·장기전으로 접어들면, 직접 싸우지 않고도 성 안에 있는 병사들이 지치고 생업이 제대로 되지 않는다. 마찬가지로 정신적인 스트레스도 육체적인 병이나 피로처럼 결국 많은 에너지를 소모시키고 사람을 지치고 병들게 만든다.

스트레스를 받으면 육체적, 정신적으로 강한 에너지를 생성시킨다.

스트레스를 받았을 때는
도망가거나 싸운다

　스트레스 반응을 한마디로 표현하면, "도망가거나 싸우는 반응Flight and Fight"이라고 표현한다. 그래서 우스갯소리로 스트레스를 받을 때 음식을 많이 먹는 사람은 싸우기 위해서 몸무게를 불리고, 음식을 거의 먹지 않는 사람은 몸무게를 줄여 도망가는 반응을 보인다고 말한다.

　직장에서 상사가 스트레스를 받은 상태에서 결재를 올리면 별것도 아닌 것에도 시비를 걸면서 싸우려고 하거나 의사결정을 뒤로 미루고 회피하는 반응을 보인다. 부하도 마찬가지다. 스트레스를 많이 받고 있을 때 새로운 업무 지시를 하면 화를 내면서 따지거나(공격 반응) 못하는 이유를 대면서 핑계를 대거나 일을 자꾸 미룬다(회피 반응). 그래서 현명한 직원들은 상사의 스트레스 상태를 점검하고 결재를 올린다.

김 부장은 전무의 결재를 받고자 할 때, 비서의 도움을 주로 받았다. 전무의 기분 상태를 비서에게 꼭 물어보고 기분이 좋을 때 결재를 부탁한다. 만약 전무가 기분이 나쁜 상태지만 시급한 일일 때는 비서에게 자신의 결재를 올릴 때 비서의 긴 머리카락을 이용해서 오른쪽에서 왼쪽으로 한 번 제치고 웃는 얼굴로 자신의 결재를 올리라고 부탁했다. 그는 이 방법으로 다른 부장보다 손쉽게 결재를 얻어냈다. 이처럼 부장이 전무의 스트레스 상태를 점검하면서 결재를 올린 것은 매우 현명한 방법이라고 생각된다.

상사가 스트레스를 받고 있다고 생각되면 그때의 모습을 관찰해보라. 분명 눈빛이 강하고 목소리는 약간 갈라지고 건조하고 어깨는 긴장되어 있을 것이다. 몸은 앞으로 치우쳐 있고 얼굴에는 웃음이 없다. 이런 모습을 발견했다면 당신은 어떻게 해야 하는가? 그는 마치 상처를 받고 도망을 가다 자신보다 약한 동물을 만난 늑대와 같다. 당신이 상사보다 약자라면 그는 별것 아닌 것으로 분명 당신을 질책할 준비가 되어 있다.

"부장님 자료를 준비해서 다시 말씀드리면 안 될까요?" 하고 그 자리에서 도망을 가는 것이 가장 좋다. 만약 도망칠 수도 없고 우리에 사로잡힌 동물이라면, 가슴을 열고 힘을 빼고 호흡을 가다듬으면서 적의 한 방의 화살에 죽을 마음의 자세를 하고 상사를 맞이하라. 당신이 피하려고 하면 상대는 더욱 분노하고 더 많은 화살을 쏘아댈 것이고 심할 경우 당신에게 분풀이를 할 것이다.

사무라이가 흥분해서 칼을 들고 오면 차분하게 가슴을 내밀면서 "여기를 찌르세요" 하는 순간 상대는 침착해진다. 오히려 찌를 수 없어 칼을 내려놓을 것이다. 스트레스는 평화의 시기가 아닌 전쟁터와 유사한 상황을 야기한다. 현명한 이성이 통하는 상황이 아니라 싸우거나 도망을 가는 자동 반응이 일어나는 위기 상황이다.

현명한 직원들은 상사나 부하의 스트레스 상태를 늘 점검한다.

스트레스 대처법

당신은 어떤 반응을 보이는가?

_ 회피 반응
- 직장인은 힘들고 스트레스를 받을 때 가끔 산이나 바다에 가고 싶거나 시골로 도망가고 싶어한다.
- 말이 없어진다.
- 아무것도 하기가 싫다.

_ 공격 반응
- 가끔 강력한 인물이 되어 누군가를 죽이거나 해를 가하고 싶다.
- 누군가에게 복수하고 싶다.
- 상대방에게 기분 나쁜 말을 하거나 욕설을 한다.

스트레스를 받으면
문제 해결력이 떨어진다

 바둑을 두다가 갑자기 대마가 잡힐 것 같다는 생각이 들면 아뿔싸 하는 생각에 바둑판을 뚫어지게 쳐다보지만, 뚜렷한 해결책이 없어 보인다. 그럴 때에 옆에 있는 사람이 자신보다 하수라도 대마를 살릴 해결책을 보이며 훈수를 두면, 바로 그때서야 내가 왜 그 수를 몰랐을까 하고 깨닫게 된다.
 우리는 살면서 이런 유사한 일을 많이 경험해보았다. 자동차가 고속도로를 달리다가 터널 속으로 들어가면 갑자기 운전자의 시야가 좁아지는 것처럼, 스트레스를 받으면 주변 사항을 잘못 보게 됨으로써 판단력이나 문제 해결력이 떨어진다. 이것을 심리학에서는 '터널 현상'이라고 한다.

화재가 발생하면, 출입구 이외 비상구나 다른 탈출 방법이 있는데도 앞에 있는 출입구만 보이는 것도 마찬가지다. 사람은 위기상황, 즉 스트레스 상황에서는 스트레스를 불러일으킨 문제만 보이고 다른 것은 잘 보이지 않는 시야가 좁아지는 현상을 경험한다.

　그래서 상사나 부하나 자신이 맡은 일이 진행이 잘 안돼 스트레스를 받게 되면, 전체를 못보고 자신이 갖고 있는 생각을 고집하고 융통성도 떨어진다. 그렇게 됨으로써 아주 작고 하찮은 부분에만 집착을 하는 것이다.

　박 과장은 자신이 오랫동안 하고 있는 프로젝트가 뜻대로 잘 진행되지 않았다. 이 부장은 박 과장에게 여러 번 다른 방법을 고려하라고 이야기했지만, 박 과장은 오히려 부장이 프로젝트를 전체적으로 잘 이해하지 못한다고 생각하면서 부장 앞에서는 듣는 척하면서 계속 자신의 고집대로 밀고 갔다.

　부장은 과장이 너무 한쪽으로만 생각하고 유연하지 않다고 생각해서 프로젝트에 참여하지 않는 다른 과장과 대리에게 이 문제를 검토할 시간을 주고 전체 부서 회의를 소집해서 프로젝트에 대한 의견과 아이디어를 논의하기로 했다. 박 과장은 자신이 공격받는다고 생각해서 다른 사람들의 의견에 계속 반박을 했지만, 집에 돌아와서 생각하니 자신의 생각이 잘못된 점도 많다는 것을 깨달았다.

상사는 업무를 지시할 때 부하 직원들이 스트레스를 받고 있는 상황이면 시야가 좁아지고 문제 해결력이 떨어지고 다양한 시각을 갖지 못한다는 것을 감안해서 여러 가지 도움을 주는 노력을 해야 한다.

스트레스 대처법

스트레스를 받았을 때 시야를 넓혀주는 질문

김 대리는 상사와 자주 의견충돌이 많지만, 그것을 잘 해결하지 못해서 스트레스를 받는다. 그는 박 과장에게 도움을 청하고, 박 과장은 다음과 같은 세 가지 질문을 던지면서 김 대리의 시야를 넓혀주어 스스로 문제를 좀더 넓게 보도록 도와준다.

첫 번째는 미래 시점에서 현재 문제를 보면 어떻게 될지 물어본다.
"10년 후에 김 대리는 어느 정도 지위에 오를 것 같은가? 그리고 수입은 어느 정도 될 것인가?"
이 질문을 통해 김 대리는 지금부터 10년 후의 미래라는 거시적 안목을 가질 수 있다. 그 다음에는 이렇게 묻는다.
"김 대리가 10년 후에 현재의 갈등을 생각한다면 어떤 기분이 들 것 같은가?"
이렇게 물어보면 현재의 문제에 매몰되어 있는 상황에서 벗어나 미래의 시점에서 이 문제를 좀더 넓게 보게 된다.

두 번째는 다른 사람의 시각에서 이 문제를 보게 한다.

"김 대리, 자네가 힘든 것은 알겠네! 그런데 자네와 친한 김 주임이나 박 대리가 이 문제를 본다면 어떻게 이야기할 것 같은가?"

이 질문은 다른 사람의 시각에서 문제를 바라보게 함으로써 자신의 시각에서 좀더 벗어나 넓고 객관적인 시야를 갖도록 도와준다.

세 번째는 과거 자신의 경험을 되살려보게 함으로써 내면의 세계를 넓히게 한다.

"김 대리, 과거에도 혹시 이와 비슷한 갈등을 경험한 적이 없는가? 그때의 경험을 한 번 생각해보면 어떨까? 그리고 그때는 어떻게 행동했고 어떻게 마무리 되었는지 이야기를 해줄 수 있을까?"

이 질문은 현재 상태에서 벗어나 과거 자신의 수많은 경험의 지혜를 떠올리게 함으로써 문제를 처리할 수 있는 능력의 범위를 키워준다.

이런 질문은 다른 사람에게뿐 아니라 자신이 스트레스를 받고 있는 상황에서 시야가 좁아졌다고 생각될 때 스스로 적용할 수 있다. 미래에 대해 주변 사람의 시각에서 그리고 과거의 성공이나 실패 사례를 통해 현재의 문제를 해결할 수 있는 능력을 가질 수 있다.

스트레스를 받으면 주변을 보는 시야가 좁아지는 터널현상이 일어난다.

스트레스를 받으면
기억력이 떨어진다

 사람이 장기간 스트레스를 받으면 기억력이 떨어지고 뇌 기능이 약해져 머리가 나빠지는 것 같은 생각이 드는데, 그 이유는 세 가지를 들 수 있다.

 첫째, 두뇌의 정보전달 신경체제인 뉴런의 기능이 약해지기 때문이다. 뇌 신경세포인 뉴런은 두 팔을 벌리고 있는 나무처럼 줄기와 가지로 이루어져 있고 시냅스란 연결고리를 통해서 다른 뉴런과 연결되어 있다. 이 뉴런이 튼튼하지 못하면 효과적으로 정보를 전달하지 못하기 때문에 기억력이 떨어지고 뇌의 원활한 활동이 어려워진다. 임상적인 실험에서 장기간 스트레스를 받은 사람과 정상적인 사람의 뉴런을 비교했을 때 스트레스를 받은 집단의 뉴런은 마치 시든 나무처럼 줄기가 가늘고 가지도 아주 짧은 빈약한 모습을 보였다.

둘째, 스트레스 호르몬인 코티졸이 단기 기억을 관장하는 해마에 영향을 준다. 따라서 스트레스를 받으면 단기 기억이 손상되어 간단한 것도 잘 기억나지 않아 답답함을 느낀 적이 있을 것이다. 스트레스를 받으면 상사가 갑자기 질문하는 것에 즉시 답을 못한다거나 지시한 내용을 잘 잊어버린다.

셋째, 스트레스 상황에서는 판단과 의사결정을 주관하는 전두엽의 기능보다 감정을 주관하는 변연계가 더 많이 활성화된다. 즉, 상황을 이성적으로 인식하기보다 감정적으로 인식하기 때문에 두뇌의 판단 기능이 잘 수행하지 못하게 된다.

상사에게서 부정적인 지적을 받으면 어릴 때 부모에게서 비난받은 감정적인 상처의 경험이 되살아나서 마음을 열어놓고 상사의 말을 듣지 못하고 갑자기 '욱'하는 감정이 생긴다. 구체적인 내용을 파악하기보다 그것을 감정적으로 받아들이기 때문에 그 상황에서 이성적으로 적절하게 대처하지 못한다.

이렇게 스트레스는 두뇌의 효율적인 기능에 영향을 끼치게 된다. 스트레스를 너무 많이 받으면 바보가 된다는 말이 이유가 있는 것이다.

삼성에 근무할 때 이건희 회장이 삼성은 가장 우수한 인력을 뽑아서 바보로 만들어 밖으로 내보낸다고 한 말을 들은 적이 있다. 지금 생각해보면 삼성의 문화가 지나치게 스트레스를 많이 준다는 것을 비유해서 한 말이 아닐까 추측된다.

고등학교 2학년 때까지 공부를 잘하는 학생이 고등학교 3학년이 되어 부모와 선생님의 지나친 기대로 과도한 스트레스를 받아 오히려 성적이 떨어지는 것도 이런 현상이라고 볼 수 있다. 마찬가지로 직장에서도 인간관계나 업무로 너무 스트레스를 받으면 자신의 두뇌를 제대로 잘 사용하지 못하게 된다.

스트레스는 일순간 사람을 바보로 만든다.

스트레스 대처법

두뇌를 최상의 상태로 관리하는 방법

스트레스를 관리하는 것은 자신의 두뇌 상태를 관리하는 것이라고 볼 수 있다. 두뇌의 기능에 영향을 끼치는 것은 스트레스뿐 아니라 풍부한 산소 공급, 영양 상태 특히 두뇌에 공급되는 기름인 지방산의 충분한 증급에 따라 두뇌 기능의 효율화가 좌우되기 때문에 이런 부분에도 신경을 쓸 필요가 있다.

_ 맑은 공기

두뇌에 신선한 산소를 많이 공급해주어야 제대로 기능한다. 두뇌는 몸무게의 1/5밖에 되지 않지만, 산소 소모량은 몸의 5배다. 두뇌의 스트레스를 줄이는 가장 우선되는 방법은 호흡을 통해 많은 산소를 공급하는 것이다.

사무실에 오래 앉아 있었다면 밖에 나가 신선한 산소를 맘껏 마셔라. 사무실에 화분을 하나 두는 것도 좋다. 꽃이 뇌에 적당한 산소를 공급해줄 것이다. 넓은 초원에 가거나 삼림욕을 하면 기분이 상쾌해진다. 이 상쾌한 기분에 영향을 주는 것이 맑은 공기와 풍부한 산소다. 조깅과 같은 유산소 운동도 몸에 산소를 적절하게 공급해 준다.

_ 생선기름 오메가3

뇌는 신체의 일부분으로 뇌세포도 매일 새로워지고 재생되어야 한다. 내일의 세포는 오늘 우리가 먹는 음식에 따라 건강해진다. 그리고 뇌의 2/3는 지방산으로 구성되어 있는데 지방산은 세포의 겉껍질, 즉 신경세포망의 기초물질이다.

생선기름의 주성분인 오메가3와 같은 건강보조제도 두뇌의 망막세포에 윤활유 구실을 하기 때문에 스트레스를 줄여 줄뿐만 아니라 뇌와 신경세포의 통신체계를 원활하게 하며 심리적으로 안정감을 준다.

Good Bye, Stress

CHAPTER 03

직장에서 발생하는 5가지 스트레스

책임감의 범위가 명확할 때, 우리는 스트레스를 줄일 수 있다. 아이가 유리컵을 실수로 깼는데 부모가 아이 교육을 잘못했다고 책임을 질 필요가 없는 것이다. 과도한 책임감은 과도한 간섭을 가져온다. 상사가 부하의 성과에 대해 지나치게 책임감을 가질 때나 부하에게 자율성을 주지 않고 일부의 기능만을 수행하게 하고 상사가 모든 것을 결정하고 지시할 때 부하들은 상사에게 의존하거나 수동적으로 된다.

나는 일이 너무 많아 항상 바쁘다

 김 대리는 능력이 뛰어나기 때문에 부장이 매우 좋아한다. 부장이 새로운 일을 시작할 때마다 김 대리에게 맡기고 싶어해 부서의 중요한 일이 김 대리에게 자연스럽게 몰린다. 김 대리는 인정받는 것이 좋지만 일이 너무 몰리는 것이 힘들다. 그래도 김 대리는 부장의 업무지시를 할 수 있다고 생각하고 그것을 수용한다.
 김 대리처럼 일이 지나치게 많아서 시간에 쫓기면서 일을 하거나 집에 일을 가져가서 해야만 일을 마무리할 수 있을 정도로 일이 많아서 받는 스트레스가 역할 과부하過負荷라는 스트레스다.
 성공을 지향하는 대부분 직장인들은 자신의 일이 어느 정도 많고 중요한 것이기를 원한다. 그래서 무의식적으로 일을 자꾸 만드는 경향이 있고 더 많은 일을 맡으려고 한다. 그러나 어떤 일로 바쁜지, 기한 내에 질적 수준을 만족시킬 수 있는지 검토해 볼 필요가 있다. 적절한 양의 업무는 오히려 일의 의욕을 높여주고 일의 결과도 좋고 스스로 느끼는 만족감도 높다.

마라톤을 할 때도 짧은 시간에 많은 거리를 달리려고 하면 쉽게 지치는 것처럼 일도 짧은 시간에 많이 하려 하면 쉽게 지친다. 하지만 직장에서는 자신의 의사와 상관없이 회사의 요구와 어쩔 수 없는 상황에 처해 갑작스럽게 일이 몰릴 경우도 많다. 일이 너무 많을 때는 상사나 선배를 찾아가서 도움을 요청해야 한다. 그리고 바쁠수록 우선순위를 따지는 것이 중요하다.

상사나 선배를 찾아가서 한꺼번에 일이 너무 몰려서 시간 내에 끝내기가 어려운데 어느 것부터 하는 것이 좋은지를 물어보는 것이 좋다. 훌륭한 선배는 어느 것부터 해야 할지, 어떻게 하면 시간을 절약할 수 있을지 알려줄 것이다. 어쩌면 상사가 많은 부분을 자발적으로 떠맡아줄지도 모른다.

능력이 부족한 선배는 과거를 들먹거리면서 '이것이 뭐 많아? 나는 옛날에 이것보다 두 배나 되는 일을……' 하고 과거 전설이 된 자기 경험을 들려줄 것이다. 그럼에도 업무가 많을 때는 상사에게 이야기는 하는 것이 좋다. 상사는 부하의 업무에 대해서 안다고 생각하지만 부하가 생각하는 것보다 정확한 업무 양을 모르는 경우가 대부분이다. 혹시 도와주지는 못하더라도 마음속으로 이해할 것이고 적어도 더 일을 주지는 않을 것이다.

스트레스 대처법

업무 리스트 만들어 보고하기

업무가 바쁠 때는 업무 리스트를 만들어 상사에게 매일 보고할 필요가 있다. 상사나 동료는 대개 다른 사람의 업무를 충분히 잘 알지 못하는 경우가 많다. 따라서 일이 많이 몰리고 바쁠 때는 업무 리스트를 만들어 보고하거나 이메일로 보낼 필요가 있다.

부하 직원의 '업무 리스트'가 상세히 적힌 이메일을 보냈을 때 상사는 그 직원이 일이 이렇게 많나 하며 놀라면서 다른 직원들과 업무 조정을 해줄 것이다. 여러 명을 관리하는 상사들은 부하의 업무를 파악하고 있다고 생각하지만 세세하게 잘 알지 못하는 경우가 많다.

원활한 커뮤니케이션을 통해 스트레스를 줄이기 위해서는 일의 결과와 진행되는 상황도 수시로 보고할 필요가 있다. 많은 직장인들이 이것을 생색내는 것이라 생각해서 잘하지 못하지만 잘 보이려는 것이 아니라 팀내의 커뮤니케이션이며 보고라고 생각하는 것이 좋다.

과부하 스트레스를 받으면 상사나 선배를 찾아가 조언을 구하는 것이 좋다.

책임감을 구분하라 :
과도한 책임감에서 오는 스트레스

　자신이 중간관리자가 되면 후배가 잘못한 일로 인해 욕을 먹는 경우가 많다. 부서에 지각하는 사람이 생기면 부장은 과장을 불러서 "김 과장! 요즘 후배들에게 너무 신경 쓰지 않는 것 같아"라고 말한다. 김 과장은 자신의 지각뿐만 아니라 후배들이 지각을 할 때마다 스트레스를 받게 되고 그것 때문에 고민을 하게 된다. 특히 후배들이 말을 잘 듣지 않거나 통제하기가 까다로울 때는 더욱더 스트레스를 받을 것이다.
　다른 사람들로 인한 책임감 때문에 받는 스트레스도 직장에서 자주 받는 스트레스 중에 하나다. 책임감과 관련된 스트레스는 사람에 따라 스스로 과도하게 책임을 지려고 하는 경우나 다른 사람의 일이 잘못되지 않을까 하고 걱정하면서 그로 인해 자신의 일도 잘못될까 걱정하는 경우다.

예를 들면 어떤 부모는 아이에 대한 문제가 모두 자신의 책임이라고 생각하기 때문에 하나부터 열까지 모든 것을 간섭하고 챙겨주려고 한다. 한편 어떤 부모는 자식의 문제는 모두 자식의 책임이라 생각하고 무관심으로 일관하는 경우가 있다. 마찬가지로 조직에서도 책임감의 범위를 다르게 느끼기 때문에 이 부분이 명확하게 설정되어 있지 않을 경우 책임감의 범위로 인해 스트레스를 많이 받는다.

부장이 새로 입사한 여직원의 복장이 마음에 들지 않을 때, 그 직원을 나무라지 않고 고참 여직원을 불러 혼을 내는 것은 그 선배 여직원이 후배들의 복장에 대해 책임을 져야 한다는 또는 관리해야 한다는 책임감이 사전에 명확히 공지되고 합의가 되어야 가능하다. 그런 사전 합의나 책임 범위에 대한 설명 없이 "이런 것은 당신이 알아서 처리해야 되는 것 아니야" 하고 책임을 떠넘기는 것은 그 직원의 스트레스를 가중시킨다.

"부모라면 이래야 되지, 상사라면 적어도 이렇지" 하는 식으로 부모나 상사에게 책임을 떠넘기는 경우도 많다. 그리고 상호 합의되지 않은 책임에 대하여 실망하며 화를 내는 경우도 많다. "상사가 되었으면 이런 부당한 일은 사전에 막아야 되지 않아"

하면서 자신에게 할당된 일이 많다고 부서장을 비난하는 경우가 이런 경우에 해당한다.

　책임감의 범위가 명확할 때, 스트레스를 줄일 수 있다. 아이가 유리컵을 실수로 깼는데 부모가 아이 교육을 잘못했다고 책임을 질 필요는 없다. 과도한 책임감은 과도한 간섭을 가져온다. 상사가 부하의 성과에 대해 지나치게 책임감을 가질 때나 부하에게 자율성을 주지 않고 일부의 기능만을 수행하게 하고 상사가 모든 것을 결정하고 지시할 때 부하들은 상사에게 의존하거나 수동적으로 행동하게 된다.

　부하가 져야 할 책임감과 상사의 임무에 대한 책임감을 자주 구분해서 이야기하는 기회를 갖는 것이 직장에서 스트레스를 줄이기 위해 필요한 일이다. 또한 업무에서 자신의 책임감의 범위를 자주 정리하고 보고하는 것도 임무에 따른 책임감으로 인한 스트레스를 줄이는 한 방법이다.

다른 사람들로 인한 책임감에서 오는 스트레스는 직장에서 흔히 생긴다.

지시와 요구를
명확하게 하라

"부장님이 시킨 대로 했는데요."

"아니 이 사람! 사람 잡네, 내가 언제 그렇게 말했어. 도대체 말귀를 못 알아들어."

회사에서 자주 스트레스를 받는 것은 이처럼 상사가 시키는 대로 했는데도 욕먹고 상사는 자신이 그렇게 지시하지 않았다고 부하를 혼내는 경우다. 이런 일을 당하면 당사자는 매우 억울하다. 그리고 부하는 상사를 말을 바꾸는 변덕쟁이이고 믿을 수 없는 인간이라고 성토한다. 상사는 부하가 어리석고 말귀를 못 알아들으며 제대로 일을 못하는 인간이라고 생각한다.

그러나 자세히 들여다보면 두 사람간의 커뮤니케이션에는 분명 모호한 부분이 있었을 것이다. 그런데 그 모호한 부분을 각자가 자신이 편한 대로 해석하는 것이다. 업무의 지시와 요구에서 '확인'이라는 과정을 거치는 것을 생략하는 경우가 많기 때문에 이런 갈등이 생긴다.

사례 1 _ 여름휴가

김 대리는 부장에게 여름휴가를 7일간 가고 싶다고 말했고 부장은 회사 규정이 5일이고 지금은 회사가 바쁘니 5일간만 가는 것이 좋겠다고 말했다. 그리고 난 뒤 부장은 부서원들과 점심식사를 하면서 옆에 앉아 있는 김 대리의 얼굴 표정이 안 좋아 보여, 김 대리에게 "정말 중요한 사정이 있다면, 다시 휴가 건을 이야기해보자. 세상에 정말 안될 일이 어디 있겠냐"고 덧붙였다.

김 대리는 부장에게 다시 그 문제를 보고 하지 않고 1주일 휴가를 보내고 왔다. 부장은 속으로 화가 몹시 났고 참다가 김 대리를 불러서 휴가를 허락도 받지 않고 1주일간 갔다 온 것에 대한 주의를 주었다.

이러한 상황에서 김 대리는 허락을 받았다고 생각했고 부장은 허락하지 않았다고 생각했다. 모호한 상황을 각자 자신의 관점에서 생각했기 때문에 상대에게 화가 나고 스트레스를 받는다.

사례 2 _ 다른 팀의 업무 지원

박 대리는 다른 부서와 공동으로 진행하는 업무에서 TF팀에 선발되었다. 부장은 열심히 하라고 격려를 했고, 박 대리는 그 일을 정말 성심성의껏 열심히 했다. 그러다 보니 자리를 자주 비우게 되고 소속 부서의 업무와 인간관계에 다소 소홀할 수밖에 없었다.

그 이후 부장은 박 대리에게 별것 아닌 것에도 짜증을 내고 결국 박 대리는 인사 평가를 최하로 받았고 부장과도 사이가 벌어졌다. 도대체 박 대리로서는 '내가 회사에서 무엇을 잘못했는가? 회사에서 시키는 대로 열심히 했는데' 하면서 억울해하고 스트레스를 받는다.

이 사례에서 보는 것처럼 박 대리는 분명 부장의 지시로 다른 팀에 파견 가서 열심히 일했지만 부장의 미움을 사게 되었다. 부장의 속마음을 잘 몰랐기 때문이다. 부장의 '열심'이란 단어가 무엇을 의미하는지 파악해야 한다. 이 상황에서 부장의 '열심'이라는 단어는 아마도 '적당히' 일하라는 것일지 모른다. 자신의 소속 부서에 소홀하고 다른 부서에서 헌신적으로 일하면 당연히 미움을 받는다.

적당히 다른 부서 일을 도우면서 소속 부서와의 관계도 원활하게 해야 하는데, 전적으로 TF팀 일에 매달린 것이 관계를 불편하게 했을 것이다. 회사에서 상사와 부하의 대화는 매우 모호한 부분이 있다. 따라서 정말 진심으로 상대가 원하는 것을 파악해야 하는 어려움이 따른다.

남녀관계에서도 여자 친구의 생일을 맞아 남자가 "뭘 사줄까?" 하고 물으면 여자가 "선물이 뭐 중요해? 작은 것 아무거나 하나 사줘!" 하거나, "난 선물 같은 것 필요 없어"라고 할 때 연애를 잘하는 남자라면 그 말을 그대로 믿지 않는다.

마찬가지로 직장에서 모호한 커뮤니케이션으로 생기는 오해는 굉장히 크다. 조금이라도 모호한 부분이 있으면 물어보고 확인을 해야 한다. 당사자가 아닌 다른 사람에게도 의견을 물어보는 것이 필요하다. 모호함을 없애는 것이 커뮤니케이션의 핵심 기술이기 때문이다.

모호한 커뮤니케이션이 스트레스를 만든다.

스트레스 대처법

질문을 통해 모호한 부분 없애기

상사나 고객이 지시를 하면 좀 깊이 생각해서 모호한 부분을 줄일 수 있도록 질문을 해야 한다.

가) 주체의 명확화

대화나 지시를 할 때 주체나 책임자를 명시하지 않는 경우가 많다. 그럴 때 주체를 명확하게 파악해야 한다.

- 회사 차원에서 다른 팀을 도와줘야 한다.
- 구체적으로 누가 그 일을 맡아야 한다고 생각하십니까?

나) 동사(행위)의 명확화

- 김 과장이 이번에 교육업무를 좀 지원해주어야 해!
- 부장님이 생각하기에 구체적으로 어떤 지원이 필요하다고 생각하시는지요?

다) 목적의 명확화

- 이번 일은 결과가 좋아야 해!
- 부장님이 생각하기에 좋은 결과가 무엇을 의미하십니까? 매출과 시장점유율과 이익 중에 어느 것에 중점을 둡니까?

그 외에 추진하는 방법에 대한 질문, 마감 기한에 대한 질문, 업무 범위, 책임 범위에 대한 질문 등을 통해서 모호한 부분을 줄여야 한다. 모호함을 줄이면 스트레스도 줄어든다.

평가 기준을
명확하게 하라

　김 대리는 열심히 일을 했는데도 상사에게서 일을 못했다는 평가를 받고 실제 인사고과도 좋지 않다. 반면 박 대리는 외부에서 교육도 많이 받고 자신이 하고 싶은 것은 하고 회사에서 받을 수 있는 혜택은 받으면서 항상 인사고과가 좋다.

　과연 평가자인 김 부장의 기준은 무엇일까? 부장은 시키는 것만 꾸준히 하는 사람보다 뭔가 남들이 못하는 새로운 일을 만들어내는 사람을 높이 평가한다. 반면, 회사 업무만 그저 꾸준히 성실하게 수행하는 사람을 '보통'으로 평가한다.

　부장으로서는 김 대리는 성실하기는 하지만 하는 일들이 거의 작은 일이고 새로운 일을 과감히 벌이거나 새로운 책임을 떠맡는 일이 없다. 그래서 평가를 낮게 한 것이다. 그렇지만 김 대리는 부장의 평가에 불만이다. '이렇게 열심히 하면 됐지, 무엇을 더 열심히 하라는 것이지?'라고 하면서 불만이 쌓여 그것이 스트레스로 작용한다.

대부분 사람들은 평가를 싫어하고 평가의 이유를 설명하기 어려워한다. 명확한 평가 기준을 적용하기 어렵기 때문이다. 회사 특성에 맞게 인사 부서에서 만든 서류로 된 평가 기준이 있지만, 실제 적용할 때는 상사는 자신의 경험과 가치관에 따라 무엇이 더 중요하고 무엇이 덜 중요한지 나름으로 정해서 새로운 기준을 만들어 적용한다. 실제 교육을 하다가 관리자를 만나보면 이렇게 말하는 관리자가 있다.

"회사에서 제시하는 평가 기준이 있지만, 저는 인간관계를 매우 중요시해요. 인간성이 매우 중요하죠. 특히 의리가 중요합니다. 회식이나 단체 행사에 빠지는 직원, 경조사에 빠지는 그런 이기적인 직원은 최하로 평가를 합니다. 인간관계가 나쁘고 의리가 없는 직원은 대개 자신만 살겠다는 이기적인 친구죠. 숨어서 공부해서 자기 성적만 잘 내는 친구와 같은 거죠. 조금 성과가 좋다고 해서 그런 직원을 높이 평가할 필요는 없다고 생각합니다. 나중에 다른 데 갈지도 모르고 그럼 언제 봤느냐는 식으로 대하는 경우가 많죠. 그런 친구를 키울 필요가 없죠."

물론 이런 평가는 불합리하지만 이런 생각을 가진 관리자가 있다는 것을 이해해야 한다. 과연 내가 무엇을 어떻게 해야 좋은 평가를 받을 수 있는지 확인해볼 필요가 있다. 대학생이라면 리포트 점수를 잘 받기 위해 교수님께 어떤 것이 좋은 리포트인지 형식이나 내용, 전개방법 등을 물어보거나 우수 샘플 리포트를 보고 리포트를 쓰면 시간도 줄이고 점수도 잘 받을 수 있다. 원리는 똑같다. 상사의 평가 기준을 파악하는 것이다.

상사의 평가 기준이 무엇인지 발견하든지 아니면 찾아가서 물어보라. 상사가 생각하는 일을 잘하는 사람은 어떤 사람인지, 자신에게 어떤 것을 기대하는지 그리고 어떤 방식으로 일을 처리하는 것을 좋아하는지 물어보라.

대부분 직장인은 상사에게 평가 기준에 대해 물어보지 않고 성적표만 받아보고 스트레스를 받는다. 물론 상사도 자신의 평가 기준을 먼저 이야기하지 않고 기준도 모호하다. 이것이 스트레스의 원인으로 작용한다. 그러나 발전을 위해서는 이런 평가 기준에 대해 이야기를 나누는 것이 스트레스를 줄이고 자신이 발전할 수 있는 계기가 된다.

상사의 평가 기준을 이해하고 모르면 물어야 한다.

스트레스 대처법

상사의 평가 기준을 알아보는 질문

상사와 면담을 하고 자신의 성장과 발전을 위해 조언을 구하면서 다음과 같은 질문을 해보라. 상사의 평가 기준을 잘 알 수 있을 것이다.

- 부장님 제가 부서에서 어떤 일을 하기를 바라십니까?
- 부장님이 생각하기에 어떻게 일을 하는 것이 일 잘하는 직원이라 생각하십니까?
- 부장님이 업무에서 가장 중요하다고 생각하는 부분은 어떤 것입니까?
- 제가 어떤 부분은 잘하고 어떤 부분은 부족하다고 생각하십니까?
- 제가 좋은 평가(결과)를 받기 위해서 어떻게 일을 해야 한다고 생각하십니까?

역할 기대의 갈등 스트레스

 고래싸움에 새우 등 터진다고 상사 두 명이 서로 다른 지시를 내릴 경우에 부하 직원은 매우 힘들어 한다. 누구의 지시를 따라야 할지 난감하기 때문이다. 부장의 말을 따르자니 이사가 미워할 것 같고, 이사의 지시를 따르자니 부장의 말을 거역하는 것 같아 내심 불안하다.
 또한 두 사람의 업무 스타일이 다를 때도 불안하기는 마찬가지다. 부장은 매우 꼼꼼한 사람이라서 아주 작은 것도 철저하게 준비해서 여러 번 보고서를 수정해서 이사에게 결재를 올린다. 그러면 이사는 왜 이런 간단한 일을 빨리 하지 못하고 굼뜨게 일한다고 나무란다. 더군다나 쓸데없는 내용만 가득 찼다고 말한

다. 부장은 자신의 능력을 무시하는 듯한 말을 들으면서 매우 억울하다고 생각할 것이다.

직장에서는 자신의 역할이 있게 마련인데, 그것으로 인해 충돌이 발생할 수 있다. 나는 이사와는 잘 맞는데, 부장과는 잘 안 맞는다. 어떤 사람은 부장과는 업무 스타일이 잘 맞는데 이사와는 안 맞는 경우가 많다. 이럴 때 당사자는 역할 기대의 갈등 스트레스를 경험한다.

이것은 회사에서뿐만 아니라 가정에서 배우자나 부모로서 또는 회사의 직원으로서 그 역할에 대한 기대에서도 충돌을 일으킬 수 있다. 맞벌이 경우에는 가정에서 배우자에게 빨리 퇴근해서 아이를 보기를 바라고, 회사에서는 퇴근 후에도 회식이나 야근에 적극적으로 참여하기를 바란다.

가정의 평화와 원만한 부부관계도 중요하지만, 회사에서도 능력을 인정받고 싶어하는 욕구가 있을 때 갈등을 일으킨다. 현대 사회에서는 과거보다 많고 다양한 역할 기대로 인해 갈등을 많이 느끼게 된다.

이런 갈등이 생길 때 어느 역할 기대를 따를 것인지 고민을 하게 된다. 그 상황에서 효과적으로 잘 대처하기 위해서는 그 근원이 되는 자신의 목표와 가치관과 성격을 한 번 정리해볼 필요가 있다. 그리고 아울러 내가 충돌하고 있는 사람의 목표와 가치관과 성격도 한 번 생각해볼 필요가 있다. 모른다면 상대에게 물어보는 것도 좋다. 서로 다른 가치관과 목표를 가진 사람이 상대방을 나와 비슷한 사람이라고 가정하고 기대를 하고 있을지 모른다.

김 부장은 사업에서 매출과 이익이 가장 중요하다고 생각한다. 그러나 김 과장은 고객과의 관계 증진과 서비스가 장기적으로 회사 이익에 더욱 중요하다고 생각한다. 이렇게 두 사람의 목표가 다르기 때문에 업무 회의에서 의견이 서로 다르다.

회사에서 각자가 추구하는 목표를 점검해보아야 한다. 그 목표가 다를 때 충돌이 일어난다. 회사에서 달성하고자 하는 직원들의 목표를 한 번 정리해보는 것도 도움이 된다. 예를 들어 강 대리는 힘든 일을 하고 상사와 갈등이 있더라도 승진과 높은 급여를 바란다. 박 대리는 빠른 승진과 높은 급여보다 편안한 인간관계와 갈등 없고 무난한 직장생활이 목표일 수 있다. 각자가 일을 통해서 무엇을 얻고자 하는지, 추구하는 목표를 이해하지 못할 때 갈등이 생길 수 있다.

목표에 대한 갈등뿐만 아니라 가치관의 갈등도 스트레스를 야기시킨다. 예를 들어 송 대리는 집에 일이 있으면 회사에 어떤 일이 있어도 가정의 일을 우선적으로 한다. 특히 아내의 부탁이라면 어떤 일이 있어도 가장 먼저 한다. 반면 박 과장은 가정은 그렇게 중요하지 않다. 아내의 생일날에도 부장이 중요한 미팅

이 있다고 하면 "회사 일이라면 무조건 참가해야죠!"라고 대답한다. 그에게는 회사와 일이 가장 우선시 되는 가치관이다.

사람마다 삶에서 가장 중요하고 가치 있게 생각하는 것이 다르다. 사람들은 내가 중요하게 생각하는 것을 상대방도 중요하게 여겨야 한다고 생각한다. 회사와 일이 가장 중요한 사람은 아내나 아이를 도와주기 위해 휴가를 내는 사람을 도저히 이해하지 못한다. 서로의 가치관이 다르다는 것을 이해함으로써 가치관의 차이로 인한 갈등을 줄일 수 있다.

주변에 갈등을 일으키고 있는 사람의 가치관을 한 번 살펴보라. 그가 가장 중요하게 생각하는 것은 무엇인가? 그것을 안다면 서로의 가치관에 대해서 한 번 대화를 나누어보라. 서로의 갈등 원인을 발견할 수 있을 것이다.

직장인이라면 회사에서 추구하는 가치관과 상사의 가치관을 파악해야 한다. 그것이 자신의 가치관과 어떤 차이가 있고 구체적으로 어떻게 갈등하는지 파악해야 스트레스를 줄일 수 있고 생산적으로 일을 할 수 있다.

직장에서 상사나 동료들과 추구하는 가치관이 다르면 갈등과 스트레스를 불러온다.

스트레스 대처법

가치관을 파악하는 카드 게임

서로 가치관이 다른 사람 세 명이 모여 앉는다. 명함 크기의 카드를 각자 20개 정도 준비한다.

1단계 : 인생에서 중요하다고 생각하는 것을 카드에 적어라. 가능하면 많이 적어라. 최소 20개 이상을 만들어라.
(예 : 돈, 가족, 명예, 종교, 성장, 재미, 의리, 독립, 정직, 지혜, 지식, 용기, 성실)
2단계 : 그 카드 중 중요하다고 생각하는 것 6개를 골라라. 그리고 그 카드를 선택한 이유를 다른 사람에게 설명하라.
3단계 : 다음 단계에 2개를 버려라. 그리고 2개를 버린 이유를 설명하라.
4단계 : 마지막으로 2개를 버려라. 그리고 최종 2개를 선택한 이유를 다른 사람에게 설명하라.

최종 2개가 당신의 핵심 가치이고, 6개가 당신이 소중하게 생각하는 가치들이다. 자신의 가치관과 상대방의 가치관에 대해서 서로 의견을 나눔으로써 서로에 대한 이해의 폭을 넓히고 가치관의 충돌을 막을 수 있다.

Good Bye, Stress

CHAPTER 04

신체 훈련을 통한 스트레스 대처법

몸은 감정과 사고를 움직이는 중심축이며, 감정과 사고의 세계로 들어가는 통로다. 몸에 관심을 갖고 몸을 잘 다룸으로써 부정적인 감정을 몰아낼 수 있고 긍정적인 사고를 만들 수 있는 기초를 만들 수 있다. 몸을 잘 챙기고 강화하는 훈련을 통해서 감정과 사고의 훈련도 가능하며, 몸의 휴식을 통해서 감정과 사고의 휴식도 가능하다.

몸이 마음을 움직인다

 사람이 스트레스를 받으면 외형적으로 몸의 자세가 바뀐다. 몸이 앞으로 기울고 눈빛이 날카로워지고 어깨나 목과 같이 힘이 많이 쏠리는 곳이 딱딱하게 경직된다. 그뿐만 아니라 호흡이 빨라지면서 심장 박동수는 빨라지고 혈압이 올라간다.
 몸의 반응과 더불어 감정의 변화도 생긴다. 부정적이고 공격적인 감정이 생기면 사고는 오로지 스트레스를 일으킨 문제에 대한 해결책에 골몰하여 시야는 좁아져 다른 것은 전혀 생각하지 않는다. 이렇게 스트레스를 받으면 몸과 감정, 사고가 변한다.
 몸과 감정과 사고는 매우 밀접한 연관이 있어 몸 상태가 바뀌면 그것은 감정과 사고에 영향을 끼친다. 예를 들어 어깨와 가슴을 펴고 자세를 당당하게 하거나 가볍게 운동을 하고 나면, 몸만 개운한 것이 아니라 좋은 감정을 갖게 되고 좋은 아이디어와 긍정적인 생각이 생겨난다.

마찬가지로 감정의 변화도 몸과 사고에 바로 영향을 끼친다. 누구를 좋아하고 사랑하면 피곤도 느끼지 않고 밤새도록 데이트를 할 수 있고 생각도 매우 긍정적으로 바뀐 것을 경험해보았을 것이다. 이렇게 몸과 감정과 사고의 상호 연관성을 이용해서 스트레스를 효율적으로 관리할 수 있다.

몸과 감정과 사고 이 세 가지 중에 가장 다루기 쉬운 것은 무엇인가? 내 마음대로 다루기 쉬운 것은 몸이고 감정과 사고는 손에 잡히지 않아서 마음대로 통제하기가 쉽지 않다. 직접적으로 통제가 가장 쉬운 것이 몸의 상태를 바꾸는 행동이다.

몸의 상태를 바꾸면 감정이나 사고에도 어느 정도 영향을 끼칠 수 있다. 물론 몸과 감정과 생각 세 가지를 동시에 다 다루는 것이 좋지만, 그렇지 못할 경우 가장 쉬운 몸의 움직임부터 바꾸는 것이 좋다.

TV 드라마 〈미우나 고우나〉에서 수아가 남편인 선재가 딴 여자에게 계속 미련을 못 버려 속이 상해 친정에 와서 먹지도 않고 잠도 자지 못한다. 이때 수아 할머니가 "잘 먹어야지 안 먹으면 자꾸 나쁜 생각이 들고 마음이 약해져" 하면서 잘 먹기를 권했다.

이렇게 스트레스에 대처하는 방법은 몸 다루기부터 하는 것이 효과적이다. 몸은 감정과 사고를 움직이는 중심축이며, 감정과 사고의 세계로 들어가는 통로다. 몸에 관심을 갖고 몸을 잘 다룸으로써 부정적인 감정을 몰아낼 수 있고 긍정적인 사고를 만들 수 있는 기초를 만들 수 있다. 몸을 잘 챙기고 강화하는 훈련을 통해서 감정과 사고의 훈련도 가능하며, 몸의 휴식을 통해서 감정과 사고의 휴식도 가능하다.

스트레스 대처법

스트레스 받은 사람을 도와주는 방법

당신의 아이가 걷다가 돌부리에 걸려 넘어졌다. 당신은 이 상황에서 어떻게 행동할 것인가? 아마도 맨 먼저 아이의 몸을 일으켜 세울 것이다. 그 다음으로는 아이의 감정을 위로할 것이다. "괜찮니? 다친 데는 없니? 자, 괜찮아. 우리 아이 용감하지." 그리고 나서 아이가 다음에 안 넘어지도록 지식이나 방법을 설명할 것이다.

"조심해서 땅을 쳐다보면서 걸어야 해."

"항상 앞을 보고 걸어야지 옆을 자꾸 보면 안돼."

우리는 아이가 넘어졌을 때 이렇게 몸, 감정, 머리의 순서대로 다독인다. 만약에 이 순서를 바꾸면 아이가 부모의 말을 수용하고 잘 받아들이지 않는다는 것을 안다. 그러나 성인이 어려울 때 도와주는 방법이

다르다. 부하나 동료가 스트레스를 받으면 오로지 몸과 감정의 문제는 무시하고 문제만 해결해주려고 한다.

"김 대리, 문제가 뭐냐?"

"왜 그래?"

"원인이 뭐냐?"

이렇게 사고의 문제, 즉 머릿속에서 있는 해결책에만 집중한다. 다른 사람의 문제뿐만 아니라 내가 문제가 있을 때도 오로지 원인과 해결책에만 집중한다.

"왜 이 문제가 생겼을까?"

"어떻게 해결하지?"

앞에서 예를 들은 어린아이의 문제처럼 먼저 몸과 마음의 상태를 바꾸고 난 뒤에 해결책을 생각하거나 제시하면 더 잘 받아들여지고 또한 문제를 잘 해결할 수 있다. 고민이 있거나 어려운 일이 생기면 일단 자리에 일어나 차라리 맑은 공기를 마시고 즐거운 감정을 만들고 난 뒤 그 문제를 생각하면 오히려 문제가 더 잘 풀리는 경우가 많다. 고민거리나 안 좋은 일이 있으면 앉아서 고민하지 말고 먼저 몸을 풀어라. 그럼 좀더 나은 해결책을 갖게 될 것이다.

마찬가지로 옆에 앉아 있는 김 대리가 스트레스를 받고 있다면, 그를 좀 쉴 수 있도록 배려하고 감정적으로 즐겁고 편안하게 해주는 것이 좋다. 답은 스스로 찾거나 천천히 찾아도 된다.

스트레스를 받으면 몸부터 변화를 줄 필요가 있다.

자신의 신체를 점검하라

앞에서 말한 것처럼 스트레스를 효과적으로 다루는 것은 몸에 관심을 갖고 몸을 다루는 것부터 시작해야 한다. 실연이나 상사와의 갈등과 같은 정서적인 스트레스나 짧은 시간에 끝내야 하는 일 같은 정신적인 스트레스든 장시간의 노동으로 인한 육체적인 스트레스든 모든 종류의 스트레스는 일차적으로 몸에 가장 먼저 영향을 주고 몸의 상태를 바꾸어놓는다.

엄청난 스트레스를 받으면 마치 홍수가 지나가고 난 뒤 부서진 집이나 황폐한 논밭이 남는 것처럼 신체 곳곳에 상처를 남긴다. 따라서 스트레스를 극복하려면 스트레스가 몸과 마음에 남긴 상처를 잘 회복시켜야 한다.

자연적인 재해를 원상 복귀시키는 데 노력과 돈과 시간이 필요하듯이 스트레스로 인해 피폐해진 몸을 원상 회복시키는데도 시간과 노력과 돈이 필요하다. 몸의 상태를 회복시키는 방법은 호흡법과 이완법, 운동 그리고 스트레스에 도움이 되는 영양분 보충 등 크게 4가지로 나누어볼 수 있다.

스트레스를 받을 때나 받은 후에도 자신의 몸 상태를 잘 지각하지 못하는 경우가 많다. 예를 들어 고민에 빠지거나 어떤 강한 감정에 휘말리면, 자신의 몸 상태를 자각하지 못한다. 병이 나서 몸이 불편을 느끼기 전까지 자신의 몸 상태를 모르고 살 수 있다. 그래서 몸속에 아주 심각한 병이 있어도 우리는 스스로 '괜찮다, 건강하다'라고 생각하면서 살 수 있다. 직장인들은 만성적인 스트레스에 빠져 있어 자신의 긴장된 심신을 매일 의식하지 못하고 산다. 따라서 평상시에 몸 상태를 자주 점검하는 것도 스트레스 예방과 대처에 도움이 된다. 몸 상태를 잘 지각하는 방법은 평상시 스스로 자주 물어보라.

"지금 내 몸 상태는 어떻지?"
"어깨가 무겁고 속은 더부룩하네."
"얼굴은 경직되고 입은 꼭 다물고 있군."
이렇게 스스로 물어보고 그 질문에 대해 자세히 대답하려고 노력하면 자신의 몸 상태를 좀더 잘 지각할 수 있다. 아울러 대답을 하면서 신체의 이상을 자각만 해도 그 부분이 좀 이완된다는 느낌을 받을 것이다. 몸은 스스로 문제를 발견하면 자정 능력이 생긴다.

주변에 동료나 후배가 스트레스를 받고 있다면, 분명 얼굴과 몸에서 긴장감을 발견할 수 있을 것이다. 상대가 스트레스를 받을 때 가장 먼저 관심을 갖고 도와주어야 할 것은 몸의 긴장을 풀어주고 몸 상태를 개선하도록 하는 것이다.

몸은 스트레스를 받았을 때 우리가 가장 먼저 다루어야 할 영역이다. 생각과 감정을 움직일 수 있는 뿌리가 몸이다. 몸을 잘 돌봄으로써 우리가 원하는 생각과 감정을 더 쉽게 조절할 수 있다.

스트레스를 받으면 얼굴이나 몸에서 긴장감이나 불편함을 느낀다.

스트레스 대처법

상대방의 몸에 초점을 맞추는 대화

직장 동료나 후배가 스트레스를 받았는지 기분이 좋지 않아 보일 때 대개는 "김 대리, 무슨 일 있었어?" 하고 상대방의 상태를 파악하고 문제를 해결해주려고 노력한다. 그러나 그것보다 상대방이 스트레스를 받았을 때는 몸에 맞추는 대화를 하는 것이 보다 효율적이다.

"김 대리, 얼굴이 안 좋아 보이네……."
"그래 좀 그렇지……"
"무슨 일이 있어?"
"요즘 일이 너무 많아."
(어떤 일로 바쁜지 묻지 않는다.)
"그래, 일이 많아서 얼굴이 좋아 보이지 않는군."
"소화도 안 되고 머리도 아프고 그래."
"몸이 지금 많이 불편하군."
"몸 상태를 좋게 하기 위해 지금 할 수 있는 일은 없을까?"
"좀 쉬면 나아지겠지……. 그럼 휴게실서 15분 정도 눈 좀 붙이고 와."

몸에 관심을 두는 대화를 한 번 시도해보자. 상대방에게 실제적인 도움이 될 것이다. 회사의 일뿐만 아니라 집에서도 마찬가지다. 집에 돌아왔는데 아내의 표정이 어둡다면 무슨 일인지 자꾸 묻지만 말고 설거지도 하고 집안일도 솔선수범해서 하라. 그럼 아내가 먼저 말을 할 것이다. 사람은 자신의 몸이 편해질 때 마음이 열린다. 나의 스트레스든 상대방의 스트레스든 몸을 먼저 살펴야 한다.

스트레스 관리는 심장 관리다

　사람이 스트레스를 받으면 몸의 균형이 무너진다. 신체의 가장 큰 불균형은 혈압이 상승하고 호흡과 심장의 박동이 빨라진다는 것이다. 특히 심장에 대해 잘 알고 있어야만 스트레스를 이해하는 데 매우 중요하다.
　사람이 스트레스를 받으면, 혈액과 영양분을 필요한 곳에 빨리 내보내기 위해 심장의 박동이 빨라진다. 우리는 좋지 않은 일이 발생했을 때 '속이 터진다'는 말을 하는데 여기에서 '속'은 심장을 말한다. 스트레스를 심하게 받으면, 심리적으로 심장이 터질 것 같다고 느끼면서 심장의 불규칙적인 운동을 느낄 수 있을 것이다.

마음 심心은 심장의 모양을 본떠서 만든 글자다. 예부터 서양에서도 마음을 표시하는 상징어로 심장을 본뜬 하트를 사용한 것으로 보아 사람들은 마음(감정)은 심장에 있다고 본 것 같다. 사실 정확하게 말하면 마음은 두뇌頭腦에 있다. 그러나 좀더 엄밀하게 말하면 우리가 자주 말하는 마음은 감정의 뇌에 속해 있다. 그리고 감정의 뇌를 보통 변연계limbic system라고 일컫는다.

그런데 감정의 뇌에 가장 밀접하게 영향을 받는 신체기관이 심장이다. 감정을 느끼는 순간 바로 심장이 반응을 한다. 좋은 사람을 만나면 심장이 두근두근 뛰는 것에서 알 수 있다. 무서운 것을 보았을 때도 가장 먼저 반응하는 신체 장기臟器가 심장이다. 심장은 잠시도 쉬지 않는다. 그리고 스트레스에 매우 민감하게 반응한다. 따라서 심장의 상태를 알면 개인이 어느 정도 스트레스를 받고 있는지 알 수 있다. 건강한 사람의 심장 박동은 규칙적이고 고른 반면 스트레스를 많이 받는 사람의 심장 박동은 불규칙하다.

동물 연구를 통해 밝혀진 바에 따르면 거북이나 코끼리처럼 오래 사는 동물은 심장의 박동이 느린 반면에 수명이 짧은 동물인 쥐나 토끼는 심장 박동이 매우 짧다. 인간은 1분당 평균 맥박수가 60~100회이나 심장 박동의 맥박수가 빠른 80회를 넘는 사람은 그보다 낮은 사람보다 평균 2배의 사망률을 기록하는 것으로 나타났다.

사람은 심한 정신적 충격을 받거나 불행한 일을 당해 오랫동안 고민을 하다 보면 심장의 활동이 불규칙적으로 되고 그 기능이 약해져서 작은 것에도 깜짝 놀라고 마음이 쉽게 동요된다.

심장은 감정의 뇌와 직접적으로 가까이 연결이 되어 있기 때문에 우리의 정서 상태와 매우 밀접하게 관련되어 있다. 무서운 영화를 보거나 좋지 않은 생각을 하거나 근심 걱정만 해도 심장의 박동수가 증가하고 많은 에너지를 사용하기 때문에 쉽게 피로해진다. 이것을 반대로 우리가 머릿속으로 즐거운 생각을 하거나 감사하는 긍정적인 마음을 갖게 되면 심장의 박동수가 줄어들고 마음이 차분해진다.

심장과 스트레스는 밀접한 관련이 있으므로 불필요하게 심장에 부담을 주는 행동을 해서는 안 될 것이다. 필요 이상으로 너무 촉박하게 서두르거나 조급하거나 빨리 결과를 얻으려는 행동은 심장에 부담을 줄 수 있다. 스트레스 대처법의 한 가지는 '당신의 심장은 안녕하십니까?'를 매일 묻는 것으로 시작해야 한다.

"당신의 심장은 안녕하십니까?"

스트레스 대처법

심장을 건강하게 하는 방법

첫째, 호흡을 통해서 심장을 건강하게 한다.

심장의 맥박은 직접적으로 조절할 수 없지만, 호흡을 통해서 어느 정도 조절할 수 있다. 호흡 조절을 통해 심장 박동을 늦출 수 있고 혈압도 낮출 수 있다. 천천히 부드럽게 길게 호흡하고 복식호흡을 하면 심장 박동이 느려진다. 1분 동안 호흡수를 적게 하면 할수록 피로가 적게 쌓이고 혈압과 심장의 박동이 느려지고 따라서 에너지 소모량도 줄어든다. 자동차 운전을 급하게 할 때나 상사와 의견이 충돌될 때 부드럽고 긴 호흡을 하는 것이 심장의 박동수를 낮추고 스트레스를 줄이는 데 도움이 된다.

둘째, 긍정적인 생각과 여유를 갖는다.

부정적인 생각을 하거나 걱정을 많이 하게 되면 심장에 부담이 된다. 항상 긍정적인 생각을 하고 잘될 거라고 생각하면 심장은 편안해진다. 천천히 행동하고 마음에 여유를 가지면 심장도 편안해진다.

셋째, 운동을 한다.

호흡을 원활하게 하고 빠른 심장 박동수를 줄이는 좋은 방법은 운동이다. 특히 조깅은 불규칙한 운동을 하는 심장을 빠른 속도로 정상적으로 만들어준다. 조깅을 하면 처음에는 심장의 박동수가 높아지나 운동이 끝나면 바로 맥박수가 떨어지고 스트레스를 받기 전의 정상 맥박으로 돌아간다. 운동을 규칙적으로 하는 집단의 심장의 평균 박동수가 운동을 하지 않는 집단보다 10 정도 낮다는 연구가 있다. 심장의 맥박수를 줄이는 것은 규칙적인 유산소 운동을 하는 것이다.

호흡을 가다듬어라

　당신이 상사와 의견충돌이 생긴다면 아마도 말이 빨라질 것이다. 그 이유는 스트레스를 받으면 당신의 몸속에 교감신경이 활성화되고 호흡이 빨라지기 때문이다. 호흡이 빨라지면 말이 다소 빨라지고 불규칙해진다. 상사는 당신의 호흡과 말이 빨라지는 것을 무의식적으로 공격적인 행동으로 받아들이고 당신의 모습에 방어적인 태도를 취할 것이다.

　상사와 이야기가 끝난 다음에도 빠른 호흡이나 높은 혈압은 금방 줄어들지 않는다. 따라서 스트레스를 받고 있다면 가장 먼저 해야 할 일이 자신의 호흡을 점검하는 일이다. 천천히 심호흡을 하면서 가능하면 산소를 많이 흡입하고 천천히 숨을 내쉬면 심장과 혈압이 안정을 찾는다.

  호흡이 안정되었을 때 정서적으로 편안해진다. 승려나 신부나 목사나 수련을 많이 쌓으신 분들은 대개 호흡이 편안하고 고르기 때문에 상대방에게 심리적인 안정감을 준다. 상대방이 숨 가쁘게 이야기하면 불안한 마음이 드는 것은 호흡과 정서가 밀접한 관련이 있기 때문이다.

  스트레스를 받으면 심장 박동이 빨라지고 혈압이 순간적으로 올라간다. 심장 박동과 혈압은 의지로 직접 통제하기 쉽지 않다. 그러나 심장 박동수와 혈압을 간접적으로 통제할 수 있는 방법이 호흡이다. 스트레스를 받았을 때 호흡을 가다듬으면서 숨을 천천히 길게 내쉬면 심장 박동수와 혈압을 어느 정도 낮출 수 있다.

  불안이나 고통의 순간에도 호흡에 신경쓰면 고통을 경감시킬 수 있다. 순간적인 분노에서 마음의 안정을 회복할 수 있는 방법도 호흡이다. 화가 난다면 호흡부터 가다듬어야 한다.

  호흡법은 매우 간단하다. 숨을 길게 들이켜고 내쉬면 된다. 중요한 것은 들이마시는 숨보다 내쉬는 숨을 길게 하는 것이다. 숨을 들이마실 때 몸은 긴장된다. 그리고 숨을 내쉬면 몸은 이완된다. 따라서 호흡의 원리는 들이마시는 숨보다 2배를 내쉬면 된다. 예를 들어 4초를 들이마시면 8초를 내쉬면 된다. 그러면 몸은 더 이완되고 편안해진다.

호흡이 잘 안되면 숨을 코나 입으로 소리나게 내뱉으면서 자신의 호흡을 스스로 자각하는 것도 좋은 방법이다. 고민에 사로잡히거나 한 가지 생각에 몰두하면 자신의 호흡을 잊어버릴 수 있다. 그럴 때일수록 좀더 의식적으로 자신의 호흡을 자각하고 숨을 더 크게 들이마시고 내쉬며 과거나 미래의 고민에서 벗어나 현실로 돌아올 수 있다.

호흡은 지금 내가 살아 있는 이 순간을 스스로 자각하는 증거이다. 사실 모든 스트레스는 과거나 미래의 일에서 비롯된다. 지금 자신이 호흡하는 현실을 느끼고 그 현실에 충실할 수 있다면 과거나 미래에 대한 스트레스는 낮아질 것이다. 자신이 숨을 쉬고 있다고 의식하는 것은 스스로 과거나 미래가 아닌 현실로 돌아오게끔 하는 중요하고 고귀한 방법이다.

스트레스를 받았을 때 길고 느리게 심호흡부터 하라.

스트레스 대처법

호흡을 이용한 커뮤니케이션 방법

상대방과 대화를 하다 보면 매우 방어적이고 내 이야기를 듣지 않는다는 생각이 들 수 있다. 특히 면접이나 첫 만남에서 상대방이 지나치게 긴장되어 있거나 경계를 하고 있으면 편안하게 대화를 나누기가 힘들다.

이럴 때 상대방을 좀더 편안하게 만들기 위해서는 내 몸의 힘을 빼고 상대방의 호흡에 맞추어서 같은 속도로 숨을 쉬면, 서로 마음이 통한다는 느낌을 가지면서 상대방도 편안하게 이야기하게 된다.

말을 할 때도 상대방의 호흡에 맞추어서 이야기하면 상대방의 마음도 편안해지고 설득도 잘된다. 즉, 상대방이 호흡이 좀 느리다면 천천히 부드럽게 이야기하고 상대방의 호흡이 급하고 빠르다면 짧고 간략하게 이야기하는 것이 좋다.

호흡의 속도를 같이 함으로써 마음의 평화도 느끼고 효과적인 커뮤니케이션도 가능하게 된다. 상대방의 호흡을 느끼면서 커뮤니케이션하는 기술을 습득한다면, 상대방의 감정도 더 잘 파악할 수 있기 때문에 효과적인 커뮤니케이션이 가능하다.

몸의 긴장을 풀어야 한다

오랫동안 의자에 앉아서 일을 하거나 장시간 운전을 하고 나면 몸이 뻣뻣해지는 느낌을 받는다. 스트레스를 받을 때의 몸과 심리 상태는 적과 싸움을 하거나 도망치는 것과 유사하다. 따라서 스트레스를 받으면 우리 몸은 자동적으로 적과 싸우는 데 필요한 눈, 어깨, 목, 허리와 같이 힘이 많이 드는 부분에 에너지를 집중적으로 사용한다. 스트레스를 많이 받으면 이 부분들이 아프고 피곤해지는 것은 이 때문이다. 따라서 이 부분의 긴장을 풀어주는 것이 필요하다.

스트레스를 푸는 방법의 하나는 몸을 유연하게 이완시키는 것이다. 아침에 일어나서 몸을 가볍게 움직여 풀어주거나 회사에 출근해서 자리에 앉기 전에 가벼운 스트레칭으로 몸을 풀어주고 나면 기분도 좋아지고 일을 시작하기도 수월하다. 사무실에서 타이핑 작업, 문서 기안을 하거나 운전을 할 때 몸의 긴장을 느끼면서 가끔씩 어깨와 목을 살짝 움직이면서 풀어주기만 해도 더 오랜 시간을 높은 집중력을 갖고 일할 수 있다. 지금 책을 읽는 중이라면 목과 어깨를 움직이며 눈을 깜빡깜빡 하면서 가볍게 눈 운동을 하면 좀더 높은 집중력으로 독서를 할 수 있을 것이다.

물론 이런 몸의 긴장을 풀 때 호흡을 곁들여 하면 더욱 효과적이며 몸을 이완하는 것은 무엇보다 습관이 중요하다. 예를 들어 퇴근 후 매일 30분 정도 반신욕 하거나 30분 정도 일하고 항상 눈동자와 목을 돌리고 가슴과 어깨를 펴주는 운동과 3~5분 정도 어깨와 근육을 풀어주는 운동 습관을 갖는 것이다.

이처럼 매일 몸을 유연하게 하고 이완하기 위해 규칙적으로 하는 이완행동이 있는지 적어보고 그 활동에 할애하는 시간을 적어보라. 만약에 이런 습관이 없다면 이 기회에 새로운 긴장을 푸는 습관을 갖는다면 작은 투자로 큰 효과를 거둘 수 있을 것이다.

스트레스를 받으면 눈, 목, 어깨, 허리가 피곤해진다.

스트레스를 이기기 위해서는
잘 먹어야 한다

    당신이 스트레스를 받고 있다면, 잠재적인 환자라고 볼 수 있다. 병원에 입원한 환자가 정상으로 회복하기 위해서는 약물 치료도 중요하지만, 균형잡힌 영양분이 들어 있는 음식물 섭취도 도움이 된다. 마찬가지로 스트레스를 많이 받는 사람은 예비 환자이기 때문에 평상시보다 영양이 풍부한 음식을 섭취해야 한다. 스트레스를 받고 있다면, 신선한 물과 비타민, 단백질 그리고 오메가3와 같은 생선기름을 섭취해야 한다. 스트레스 회복에 도움이 되는 4가지를 잘 먹는 방법은 다음과 같다.

    첫째, 신선한 물을 마시자. 몸속의 물은 윤활유 구실을 한다.

여러 가지 신체 호르몬이나 혈액의 흐름을 원활하게 하기 위해서 물을 자주 먹어야 한다. 아파트 옥상 물탱크에 새로운 물이 수시로 공급되지 않으면 더러워지듯이 우리 몸에도 새로운 물을 많이 공급해서 나쁜 독소가 포함된 물을 빨리 배출시켜야 한다.

대지가 건조할 때 먼지가 많이 생기듯이 피부가 건조하면 피부 트러블이 생긴다. 우리 몸의 내부도 건조해지면 피부 트러블처럼 여러 문제가 생긴다. 충분한 수분을 흡수할 때 몸은 스트레스에 대해 좀더 여유가 생기게 된다. 몸의 내부나 몸 밖이나 부드러워져야만 기능이 원활하다. 그것을 도와주는 것이 물이다.

둘째, 비타민을 섭취하자. 스트레스를 받으면 스트레스 호르몬의 생성 등으로 비타민C의 소모가 늘어나서 절대적인 비타민C가 부족하기 때문에 추가적인 비타민C의 보충이 필요하다. 또한 수도관이 오래되어 녹이 슬면 산화가 되어 녹물이 나오는데 비타민C는 혈관에 녹이 슬지 않도록 막아주는 항산화제 구실을 한다.

현대인의 삶은 과거 우리 조상보다 많은 종류의 스트레스를 받고 있으므로 과거보다 많은 비타민C의 공급이 추가로 필요하다. 음식물로 비타민C를 공급하면 가장 이상적이지만 스트레스를 받을 때 음식물로 섭취하는 비타민C의 양은 충분하지 않을 수 있다. 따라서 스트레스를 받을 때 추가적인 비타민C 정제를 복용할 필요가 있다.

셋째, 양질의 단백질이 필요하다. 두 집단의 쥐에게 똑같은 양의 전기자극 스트레스를 주더라도 단백질이 함유된 먹이를 섭취한 집단이 그렇지 않은 집단보다 스트레스를 잘 견딘다는 사실이 실험으로 밝혀졌다. 단백질을 섭취하면 스트레스를 잘 견디며 감염 세균에 대한 저항력도 증가하여 질병에도 잘 걸리지 않는다. 황농문 박사의 베스트셀러《몰입》에서도 몰입을 하는데도 단백질 위주의 식사가 도움이 되었다는 경험을 밝혔다.

어릴 적 생각을 해보면 아플 때 어른들이 "몸이 아프면 잘 먹어야 한다"고 말씀하면서 아플 때 주로 해주신 음식이 소고깃국이었다. 소고깃국은 고기가 귀했던 시절 아이가 아프거나 감기가 걸리면 자주 먹던 음식이다. 예부터 잘 먹어야 한다는 말이 양질의 단백질이 들어 있는 음식물을 먹어야 한다는 의미다.

앞에서 살펴보았듯이 스트레스를 받으면 에너지의 소모가 늘어난다. 에너지를 만들기 위해서 몸속에 불을 지펴야 한다. 젊은 시절 모닥불이나 캠프파이어를 할 때, 장작으로 불을 피우면 화력을 유지하면서 여유 있게 불을 바라보면서 즐길 수 있다. 하지만 장작이 없어서 종이나 낙엽을 태우면 즐길 여유가 없이 바쁘게 땔감을 구해야 하고 화력도 매우 불규칙해지는 것을 경험했을 것이다. 마찬가지로 우리 몸도 스트레스를 받으면 많은 에너지를 만들어내야 하는데 에너지의 원료로 장작에 해당되는 것이 단백질이다. 양질의 단백질은 천천히 오랜 시간에 걸쳐 신체에 안정적으로 에너지를 공급하지만 인스턴트, 패스트푸드 등 낮은

질의 음식은 휴지나 낙엽처럼 일시적인 화력을 내나 빨리 불이 꺼지는 음식이라 몸을 더 피로하게 만들고 기력을 손상시킨다.

넷째, 좋은 생선기름 오메가3을 섭취한다. 물이 몸 전체의 윤활유 구실을 한다면, 오메가3은 두뇌 세포와 신경계에 윤활유 구실을 한다. 지방산은 두뇌 세포의 바깥막인 신경세포막을 구성하고 있는 물질로 이 세포막을 통해 뇌와 신체의 모든 부분에 분포되어 있는 신경세포 사이의 연결이 이루어진다.

두뇌에 지방산이 부족하다면 가죽이 오래되면 뻣뻣해지듯이 뇌세포는 딱딱해지고 유연성을 잃게 된다. 두뇌를 부드럽게 하는 지방산이 바로 생선기름인 오메가3이다. 오메가3이 부족하면 불안감, 초조감, 우울감을 더 많이 경험할 수 있다.

두뇌의 상태가 기분에 얼마나 많은 영향을 끼치는지는 경험을 통해 잘 알고 있으리라 생각한다. 오메가3은 두뇌를 유연하게 해준다. 스트레스를 받으면 우리의 두뇌는 다른 세포와 마찬가지로 더욱 경직되기 싶다. 따라서 스트레스를 받을 때 오메가3의 추가적 공급이 필요하다.

균형잡힌 음식은 스트레스를 막아 준다.

Good Bye, Stress

CHAPTER 05

생각 훈련을 통한 스트레스 대처법

스트레스를 받으면 우리의 뇌는 미래의 위험에 대비하기 위해 부정적인 사고를 자동적으로 하도록 만들어져 있다. 그러나 이것은 원시시대에는 적응에 도움이 되었을지 모르나 현대의 복잡한 사회에서 스트레스가 빈번하게 일어나는 상황에서는 별 도움이 되지 않는다. 따라서 과거부터 계속 전해온 부정적인 사고를 멈추고 스트레스에 도움이 되는 긍정적인 사고로 전환해야 한다.

스트레스를 받으면
부정적인 사고를 한다

　우리는 스트레스를 받으면 위험하다는 생각 때문에 부정적인 측면을 더 자세히 생각하게 된다. 평상시의 사고 패턴보다 자신의 현재와 미래에 대해 부정적으로 본다. 예를 들어 부장과 말다툼을 하게 되면 평상시보다 부장과 자신의 관계를 더 자세히 분석하게 되고 부장의 성격과 리더십의 문제점에 대해 더 깊게 생각하게 된다. 그리고 자신의 미래가 부장 때문에 방해를 받게 되어 회사에서 장래 비전이 없어질까 하는 불안이 증가한다.
　이런 현상은 스트레스를 받으면 안전을 확보하기 위해서 위험 요소를 검토하고 그것에 대한 대비를 더 많이 세우기 때문이다.
　이것은 신체와 감정이 스트레스를 불러일으키는 요소에 대해 적절히 잘 대비하게 해주는 예방의 기능과 앞으로 다가올 스트레스에 대한 충격을 감소시켜 주기 위한 순기능적인 측면도 있다. 하지만 실제 스트레스를 받는 상황에서는 필요 이상으로 스트레스를 더 가중시키기도 한다.

스트레스를 받으면 우리의 뇌는 미래의 위험에 대비하기 위해 부정적인 사고를 자동적으로 하도록 만들어져 있다. 그러나 이것은 원시시대에는 적응에 도움이 되었을지 모르나 현대의 복잡한 사회처럼 스트레스가 빈번하게 일어나는 상황에서는 별 도움이 되지 않는다. 따라서 과거부터 계속 전해온 부정적인 사고를 멈추고 스트레스에 도움이 되는 긍정적인 사고로 전환해야 한다.

스트레스를 받을 때 몇 가지 영양분이 부족해지고 그 영양분을 채우기 위해 해당 영양소가 포함된 음식을 의도적으로 더 많이 섭취해야 하는 것처럼 생각思考도 스트레스를 이기기 위해서는 '생각 양식糧食'을 의도적으로 섭취해야 한다.

스트레스에 도움이 되는 '바람직한 생각'의 영양분을 채워넣는 것이 바로 생각 훈련이다. 몇몇 핵심적인 생각 훈련을 규칙적으로 하고 스트레스를 받을 때 의도적으로 더 많이 이런 '생각 훈련'을 하면 스트레스에 강해질 수 있다.

스트레스를 이기기 위해 생각의 영양분을 섭취하라.

스트레스 대처법

망치 이야기

어떤 남자가 벽에 그림을 걸려고 하였다. 그러나 못은 있는데 망치가 없었다. 다행히 이웃 사람이 망치를 가지고 있어서 빌리기로 마음먹었다. 그런데 갑자기 걱정스런 마음이 앞섰다.

'이웃 사람이 망치를 빌려주지 않으면 어떻게 하지? 어제도 그 사람은 나에게 건성으로 인사를 했는데……. 아마 바빠서 그랬겠지. 아냐, 바쁜 체한 것인지도 몰라. 그는 나에게 반감을 가지고 있어. 그러면 어떻게 하지? 내가 그 사람에게 나쁘게 한 일은 하나도 없는데…….'
그는 혼자서 마음대로 생각했다.

'만약 어떤 사람이 나에게 연장을 빌리러 오면 나는 바로 빌려줄 텐데. 그런데 그 사람은 왜 빌려주지 않는 거지? 사람은 어째서 함께 사는 사람들에게 그렇게 호의도 베풀지 못하는 걸까? 그런 녀석들은 모두 죽어야만 돼.'

그는 자기 생각에 점점 더 빠져들었다.

'치사하게 망치 하나 가지고! 치사하다. 치사해!'
그리고 그는 이웃집으로 달려갔다. 이웃 사람이 문을 열어주었다. 그런데 그 사람이 '안녕하세요'라고 인사도 하기 전에 이 남자는 소리를 쳤다.

"이 치사한 인간아, 망치는 안 빌려줘도 돼! 당신한테는 안 빌릴 거야!"

― 파울 바츠라빅, 《불행으로 인도하기》 중에서

스트레스를 받으면
목표를 생각하라

　영화관에 화재가 발생했다고 가정해보라. 사람들 눈에는 모두 출입구 밖에 보이지 않을 것이다. 좁은 입구로 동시에 많은 사람이 나가려고 하다 보면 입구는 더 막힐 것이다. 실제로 화재가 나면 불에 의한 사망자보다는 사람들에게 밟혀서 죽는 사람이 더 많다고 한다. 정도의 차이가 있지만 스트레스를 받으면, 즉 위기상황이 발생하면 이렇게 시야가 좁아지는 '터널 현상'이 일어난다.

　대개 상사나 고객과 다투고 나면 그 문제만 머릿속을 맴돌고 계속 그것을 생각하게 된다. 그것이 해결되기까지 자신은 많은 에너지를 소모하게 된다. 이럴 때 시야를 한 번 넓혀보면 문제

해결에 도움이 된다.

좀더 멀리 바라보자. 스트레스를 받았을 때 가장 쉽게 멀리 바라볼 수 있는 것은 인생의 목표나 꿈이다. 자신이 이루고 싶은 꿈이 있다면 그것을 바라보라. 그리고 현재의 문제를 바라보면 지금 스트레스를 일으키는 문제가 상대적으로 작아 보일 것이다.

높은 산에 올라가서 밑을 내려다보면 집이나 차나 사람이 모두 작아 보인다. 마찬가지로 내가 10년 후에 꿈을 이루었다고 가정하고 지금의 현실을 바라보면 현재 고객과의 마찰이나 상사와의 갈등이 하찮아 보인다.

모든 것은 너무 자세히 들여다보면 우울해지고 부정적인 면이 많이 보인다. 아무리 아름다운 피부도 돋보기로 들여다보면 땀구멍과 기미와 작은 흉터들이 보일 수 있다. 호수나 산도 멀리서 바라보면 더 아름다워 보인다. 그러나 가까이 다가가서 보면 그 아름다운 산과 호수에서 많은 쓰레기를 발견할 수 있을지 모른다. 따라서 눈앞에 있는 현실이나 문제만을 뚫어지게 바라보면 부정적인 면을 더 많이 발견할 수 있다.

이럴 때 마법의 지팡이를 꺼내 '수리수리 마수리 내 꿈이 이루어졌다'라고 주문을 외어보라. 그리고 내 꿈이 이루어진 미래를 상상하고 난 뒤 나의 문제를 바라보라. 현재의 문제가 조금은 작아져 보일 것이다.

스트레스가 불안감을 유발하고 자신을 위협한다고 느끼면 위협의 대상을 너무 과대평가하고 그것에 너무 집착하기 때문에 시야가 좁아진다. 그렇지만 목표가 이루어졌다고 생각하면 자신과 주변 상황에 더 여유가 생긴다. 그러므로 스트레스를 받을 때 해야 할 첫 번째 생각은 목표이다. 목표에 대해서 생각하고 또 생각하라. 그리고 목표가 이미 이루어졌다고 생각하라. 그러면 다른 관점에서 사물을 볼 수 있고, 스트레스 강도도 그만큼 줄어들 것이다.

목표를 생각하고 보다 멀리, 그리고 넓게 생각하라.

스트레스 대처법

내 고민을 다른 사람의 고민이라고 생각하고 스스로 상담 해주기

내가 현재 갖고 있는 고민을 아들의 고민, 친구의 고민, 동생이나 후배의 고민이라고 상상하고 상담을 해주라. 그러면 그 문제가 다르게 보일 것이다.

사례 _ 고민 : 부장과 성격 갈등으로 회사를 그만두고 싶을 때
자신의 고민을 아들의 고민으로 바꾸어 생각하기

※ 나는 지금 50억 원의 재산을 가지고 있고 교육 전문 회사의 사장이 되었고 아들은 신입사원이다. 아들이 현재의 부장과 갈등이 있다고 말한다. 나는 아들에게 어떤 말을 해줄 것인가? 아래의 칸에 한 번 적어보라.

_____
_____
_____
_____
_____
_____
_____

긍정적인 사고방식은
빛을 보게 한다

 부정적인 사고방식을 가진 원시인 집단과 긍정적인 사고방식을 가진 원시인 집단 중 어느 집단의 원시인이 생존율이 높을까? 정답은 부정적인 사고방식을 가진 원시인 집단의 생존율이 높다. 예를 들어 원시인들이 저녁 식사를 하고 있다고 가정을 해보자. 식사 중에 숲속에 뭔가 부스럭거리는 소리를 듣는 순간, 그 자극을 동물이나 적의 침범으로 생각하고 의심을 하거나 경계를 하는 쪽은 부정적인 사고방식을 갖고 있는 원시인일 것이다.
 반면 새로운 자극을 우호적으로 괜찮다고 생각하고 마음 편안하게 식사를 하는 집단은 긍정적인 사고방식을 갖고 있는 원시인일 것이다. 당연히 부정적인 사고방식을 가진 원시인이 잠재

적인 위험에 대해 경계를 하기 때문에 생존율이 높다.

  부정적인 사고방식은 어떤 일을 할 때 문제점을 파악하고 잘못될 것을 예상하여 철저하게 준비하는 데 도움이 된다. 대부분 부정적인 생각을 가진 사람이 분석적이고 꼼꼼한 경향이 있다. 반면 긍정적인 사람은 매사에 잘될 것이라고 생각하고 사소한 문제점이나 어려움을 크게 중요시하지 않는다. 좌절하고 실망스러운 상황이 생기더라도 좋은 쪽을 바라보며 잘될 것이라고 믿어버린다. 그러다 보면 작은 문제를 놓치는 경우가 많다. 실제 긍정적인 사람은 사물을 멀리 크게 거시적으로 보는 경향이 있다.

  직장 생활을 하다 보면 조직에서 오래 근무한 사람일수록 부정적인 사고방식을 가진 사람이 많은 것 같다. 이런 사람들은 조심성이 많고 위험한 일은 잘 피하고 안전한 길을 따라간다. 그러나 이렇게 부정적인 사고를 가진 사람은 지나치게 안전을 추구하다 보니 큰 발전과 변화가 없다.

  이와는 반대로 남들이 못 이룬 큰 업적을 달성한 사람들을 보면 오히려 긍정적인 사람이 많다. 그들은 성공의 가장 큰 원동력이 긍정적인 사고방식이었다고 이구동성으로 말한다. 사업을 하면서 수많은 실패와 좌절을 겪으면서 몇 번이나 그만두고 싶었지만 잘될 거라 생각하고 자신과 타인에 대한 긍정적 믿음이 온갖 어려움을 견뎌낼 수 있는 힘이었다고 말한다.

긍정적인 사고방식에 대해 많이 연구한 셀리그만 박사는 신입 영업사원들을 대상으로 긍정성 테스트를 하고 3년 후 영업실적을 비교했다. 그런데 높은 긍정성 점수를 받은 집단이 낮은 점수를 받은 집단보다 최고 영업성과가 2.5배나 높았다. 영업은 좌절의 연속이다. 잘될 것이라는 믿음이 더 많은 어려움을 견딜 수 있게 하고 새로운 시도를 할 수 있게 해준다.

직장은 수많은 좌절감이 이어지는 전쟁터고 실패를 겪을 때마다 자신의 능력을 비하하게 되어 미래를 어둡게 보게 된다. 이런 실패를 계속 겪게 되면 무기력해져서 '나는 아무것도 할 수 없다'는 심리적 무기력 상태에 빠진다. 스트레스를 지속적으로 받으면 심리적 무기력 상태에 빠지기 쉽다. 그러나 심리적 무기력 상태를 탈출하게 하는 것이 바로 긍정적인 사고방식이다.

긍정적인 사고방식은 어둠 속에서 빛을 보게 한다. 어둠 속에서 걸으면 우리가 손전등을 비추는 부분만 밝아지듯이 수많은 실패와 좌절, 어려움 속에서도 밝은 면을 발견해야만 한다. 스트레스는 우리를 부정의 먹물 속으로 빠뜨린다. 우리는 이 먹물 속에서 긍정의 맑은 물을 향해 힘들게 헤엄쳐나가야 한다.

직장에서 오래 근무할수록 부정적 사고를 하는 사람이 많은데 이들에겐 발전과 변화를 기대하기 어렵다.

CHAPTER 05 생각 훈련을 통한 스트레스 대처법

자신에게 긍정의 말을 하라

　정기적으로 헬스장에 가서 운동을 하면 근육이 생기듯이 두뇌 세포도 연습을 통해 긍정적으로 만들 수 있다. 우리의 두뇌에는 정보를 처리하는 수많은 뉴런으로 구성된 뇌세포가 있다. 비유를 하자면 바깥세상에서 정보가 입력되면 뉴런이라는 신경세포로 만들어진 길을 통과해야 하는데, 그 정보가 파란 길을 통과하면 긍정적으로 해석되고 빨간 길을 통과하면 부정적으로 받아들여진다. 머릿속에 파란색의 길을 많이 만들면 많은 정보가 파란색 길을 통과할 것이고 빨간색 길을 많이 만들어놓으면 빨간색 길을 더 많이 통과할 것이다.
　우리가 머릿속에 어떤 색깔의 길을 많이 만들 것인지는 우리의 노력에 달려 있다. 운동을 해서 근육을 만들듯이 머릿속의 뉴런 색깔도 우리의 연습과 노력으로 만들 수 있다. 우리는 파란색의 긍정적인 뉴런, 즉 긍정적인 사고방식을 훈련을 통해 만들 수 있다.

친구나 동료가 약속시간을 잊어버리거나 상사 앞에서 프레젠테이션을 망치거나 고객을 다루는 데 중요한 실수를 해서 힘들어 할 때, 우리는 그 사람이 처한 상황을 잘 이해해주고 때로는 위로까지 해준다. 그러나 똑같은 일이 자신이 저지른 실수일 때는 대개 남들에게 하는 것보다 자신을 심하게 비난하는 사람들이 있다.

자신에 대해 부정적인 생각을 가진 사람들은 자신의 조그만 실수에 대해서도 비난의 말을 많이 한다. 자신에 대한 비난의 말은 남들이 있는 장소에서 겉으로 드러내지 않고 자신에게 '혼잣말'을 한다. 그래서 남들은 듣지 못하나 혼잣말을 스피커로 연결해서 들어보면 대단히 심한 말을 자신에게 한다는 것을 알 것이다.

"바보 멍청이, 그런 짓을 하다니."

"넌 스스로 인생을 망쳤어."

"엉망이 돼버렸어, 죽어야 해."

자신의 실수에 대해 비난이 심해지면 자신에 대해 매우 부정적인 생각을 갖게 되고 그것을 반복하다 보면 그 비난이 확신이 된다. 생각을 구성하는 것은 말言이다. 자주 하는 말은 생각의 구조를 만들고 생각의 구조가 뉴런이란 뇌신경 세포로 구성된 길의 색깔을 바꿀 수 있다.

매일 우리의 뇌는 내 안에 있는 또 하나의 자아로서 어떤 행동을 하고 난 뒤 피드백을 받는다. 직원들이 잘못했을 때마다 부정적인 피드백을 하면 의기소침해지고 무력감을 느끼듯이 자신이 뭔가 잘못했을 때 자신에게 지나치게 부정적인 말을 많이 하면 '무능력하고 보잘것없는 존재'라는 사실을 내 안의 내가 받아들이게 된다.

우리는 끊임없이 자기 자신과 대화한다는 사실을 명심해야 한다. 이 대화는 무의식적이고 자동적으로 이루어지기 때문에 부정적인 사람은 자신도 모르게 조그만 실수나 잘못에도 부정적인 피드백을 심하게 한다. 지금 자신의 일이 잘못되었을 때 습관적으로 자신에게 하는 말이 있는지 살펴보라.

"난 바보야."

"왜 일이 안 되는 거야."

"난 어쩔 수 없어."

아마도 이런 언어습관이 있다면 그것을 발견하는 순간 스톱을 외쳐라. 그리고 당신만의 멋진 긍정적인 단어로 바꾸어라. 그리고 그것을 습관화하라. 부정적인 사람에서 긍정적인 사람이 되고 싶다면 오늘부터라도 프레젠테이션이 실망스러울 때 자신에 대한 비난을 멈추고 '괜찮아, 잘 될 거야!' '다음에는 잘할 수 있어'와 같은 긍정적인 말로 자기 자신을 격려해주어야 한다.

일이 잘못되면 우리의 뇌는 그것을 잊지 않고 명확하게 기억하기 위해 노력한다. 그 이유는 다음에 똑같은 실수를 하지 않기 위해 스스로 경각심을 주고 다음의 실수를 줄이기 위한 대비 행동이다. 그러나 지나친 분석과 자신에 대한 비판은 오히려 문제해결을 위한 용기와 에너지까지 빼앗아 무기력과 우울한 감정을 만든다.

따라서 스트레스를 받을수록 더욱 긍정적인 말을 할 필요가 있다. 스트레스를 받으면 자신에 대해서 부정적으로 생각하기 쉽고 의기소침해지기 때문이다. 이 상황에서 벗어날 수 있는 에너지는 바로 당신이 스스로 말하는 '긍정의 말'에서 나올 수 있다.

자신에게 던지는 긍정의 말이 스트레스에서 벗어나는 중요한 역할을 한다.

무능력감에서 벗어나라

벼룩을 유리컵에 담아두면 달아나버린다. 벼룩은 20cm 정도 높이 뛸 수 있는 능력이 있기 때문이다. 벼룩이 든 유리컵에 투명한 뚜껑을 닫아놓으면, 벼룩은 천장이 없는 줄 알고 계속 높이 뛰지만 도망을 가지 못한다. 하루 정도 지나서 투명한 뚜껑을 없애도 벼룩은 계속 컵 높이만큼 뛰면서 도망을 가지 못한다. 이것을 학습된 무기력helpless learning이라고 한다.

자신이 스트레스를 여러 번 경험하면 이 벼룩처럼 도망갈 수 없다는 것을 학습하게 되고 무기력에 빠지게 된다. 처음에는 신입사원들이 의욕을 갖고 새로운 일을 시도하지만, 상사와 선배 그리고 제도라는 벽에 막혀 여러 번 좌절을 경험한다. 나중에는 새로운 시도를 하지 않고 시스템 내에서 안주하게 되고 기존의 선배들과 비슷한 행동을 하게 된다.

장애나 벽 그리고 실패를 경험한 후에는 정신적으로 무기력에 빠지게 된다. '내가 잘할 수 있을까? 그 일을 해낼 능력이 있을까?' 하는 생각에 젖어 들며 의기소침해진다. 할 수 없다는 생각과 무기력감은 직장인이 겪는 스트레스의 대표적인 현상이다. 과거에 아무리 뛰어난 성공을 한 경험이 있더라도 실패나 좌절감을 주는 경험을 하면 무기력에 빠진다. 이런 현상은 나만의 문제가 아니라 스트레스를 받는 모든 사람의 공통적인 현상이다.

이 상태에서 벗어나는 것이 통제감을 회복하는 것이다. 통제감이란 자기 스스로 방향을 결정하고 변화하고 바꿀 수 있다는 느낌이다. 스키를 타고 높은 곳에서 내려오더라도 내 의지대로 멈출 수 있고 방향을 바꿀 수 있다면 전혀 두렵지 않다. 마찬가지로 자신이 자신의 인생의 방향을 정할 수 있고 몸과 마음을 의지대로 조절할 수 있다면 세상은 두렵지 않다.

"아무리 해도 어쩔 수 없다" "노력해도 소용없어"는 스트레스 상황에서 통제감을 잃은 무기력한 상태의 반응이다. "지금은 힘들고 어려워 … 전부를 어떻게 바꾸기도 어렵지만 당장 결과가 나지 않더라도 노력하면, 원하는 방향대로 변할 거야. 지금 내가 할 수 있는 것이 무엇이지?"라고 말하면서 노력하면 원하는 결과를 얻을 수 있다는 믿음이 통제감을 갖고 있는 상태다.

스트레스를 받았을 때는 통제감을 잃은 상태이므로 역으로 스트레스를 받았을 때 통제감을 회복하기 위한 의도적인 노력을 해야 한다. 통제감을 회복하는 방법은 안 된다는 생각을 멈추고 작은 일이라도 내 의지대로 할 수 있고 내가 결정할 수 있는 일을 찾아서 실천하는 것이다. 그리고 그 결과에 만족감을 갖는 것이다.

먼저 스트레스에 대해 통제감을 회복하려면 계획과 의지대로 움직이는 것부터 시작하는 것이 좋다. 현재 모든 것이 잘 안되고 몸이 피곤하고 지치고 자신감이 없다면 '매일 아침 20분을 달리 수 있다'는 목표를 정하고 그것부터 실행해보라. 그리고 매일 그것을 달성한 후 '나는 할 수 있다'고 외쳐보라. 시작은 미비하지만 한 달만 할 수 있다면 당신의 육체는 당신의 의지에 따라 통제된다는 느낌을 받고 그에 따른 자신감도 가득 차게 될 것이다.

정서적으로 무기력에 빠진다면 우선적으로 통제감을 회복해야 한다.

스트레스 대처법

나의 영역별 통제감 확인하기

왼쪽 칸에는 자신이 노력하면 조금이라도 결과가 좋아지는 것을 적고 오른쪽 칸에는 아무리 노력해도 결과가 좋아지지 않는 것, 즉 어쩔 수 없는 것들을 적어보라.

아래의 예를 참고해서 스스로 통제할 수 있는 것들을 적어보라. 자신이 어떤 영역을 통제할 수 있는지 확인할 수 있을 것이다. 그리고 다른 사람들의 것과 비교해보라. 통제 가능한 영역을 좀더 명확히 발견할 것이다.

만약 어떤 목표나 원하는 것이 통제 가능한 영역이라면 노력의 양에 따라 결과가 달라질 수 있다. 스트레스에 대처하도록 노력하면 얼마든지 효과적으로 성과를 얻을 수 있다. 충분한 지식을 갖고 실천하면 스트레스도 손에 잡히는 통제 가능한 영역이다.

노력해서 가능한 것	아무리 노력해도 어려운 것
시간 관리	부모 바꾸기
몸무게 줄이기	성별 바꾸기
아침 일찍 일어나기	배우자 성격 바꾸기

자신만의 자긍심
프로그램을 만들어라

　스트레스를 받으면 세상에 대해 부정적인 시각을 가질 뿐만 아니라 자신에 대해서도 부정적인 시각을 갖게 된다. 오랫동안 스트레스를 받으면, 자신의 가치에 회의감을 갖고 자신이 싫어지고 우울증에 빠지게 된다. 축구공에 바람이 빠진 것처럼 자신감과 자긍심이 빠진 초라한 자신이 된다. 이럴 때는 자신에게 축구공에 바람을 주입하듯 펌프로 자신감과 자긍심이라는 공기를 주입시켜야 한다.
　스트레스를 많이 받는 사람의 공통점은 자신의 미래를 어둡게 본다는 것이다. 그들은 '앞으로 잘될 것 같지 않다'는 말을 자주 한다. 그러나 과거를 한 번 돌이켜보라. 이런 유사한 일이 없었는가? 과거의 일기장을 한 번 들춰보면 수많은 실패와 실수 그리고 안 좋았던 일과 자기 반성과 회한이 있다. 그 당시를 생각해보면 정말 힘들었고 다시 돌아가기 싫은 순간이 있을 것이다. 그렇지만 그때의 일들을 지금 생각해보면 그 당시만큼 힘들게 느껴지지 않는다. 이미 세월이 많이 지났고 극복된 과거이기 때문이다.

초등학교 시절 반 친구들의 미움을 받아서 친구 하나 없이 왕따가 된 것도 극복되었다. 중학교 시절 운동을 못해서 체육시간에 다른 친구들은 모두 운동을 하는데 혼자 테니스장 청소한 것도 극복되었다. 군대시절 비 오는 날 유격훈련을 받으면서 마지막 날 100km 행군의 두려움에 떨던 것도 극복되었다. 대학시험에 떨어진 것도 지금은 다 극복이 되었기 때문에 지금 그 당시를 생각해보면 담담하다. 마찬가지로 지금 겪고 있는 이런 어려움과 힘든 일도 세월이 지나면 과거가 된다.

그런데 과거를 돌이켜보면 안 좋은 일만 있은 것은 아니다. 초등학교 졸업 때 받은 우등상, 군대 제대할 때의 해방감, 대학 입학, 어려운 경쟁을 통한 입사, 첫 해외출장 등등 즐거운 일들도 많이 기억난다.

누구나 과거를 돌이켜 생각해보면 각자 남들이 겪지 못했을 것 같은 힘든 고통과 남들이라면 이루기 힘들 것 같은 대단한 자신만의 성공의 역사가 있다. 그것을 지금 잊어버리거나 아무것도 아니라고 생각하기 쉽다. 자신의 과거의 작은 성공들을 자랑스럽게 생각하라. 그 경험들은 적어보면 지금 어려울 때 많은 힘이 된다. 과거의 실패와 좌절감을 극복해서 성공의 경험을 맛보았듯이 다시 지금의 어려움을 극복할 수 있다.

스트레스를 받아 힘들어지면 '나는 할 수 없다'는 무력감에 빠져 과거의 성공이 보이지 않는 경향이 있다. 하지만 과거를 잘 돌이켜보고 작은 성공이라도 하나하나 기록해 보고 그것에 의미를 두고 생각하라. 자신의 최고의 모습, 자신의 다른 멋진 모습을 많이 발견할 것이다.

당신은 많은 어려움을 극복했기 때문에 이 자리에 있다. 그리고 지금 어려울지라도 이미 힘든 산을 많이 넘었기에 현재의 어려움은 아무것도 아니다. 나 자신은 나의 역사 속에서 대단한 존재다. 스스로 대단하게 여기고 자긍심을 갖는 것이 스트레스를 극복하는 비결이다.

지나간 과거 속에서 자신의 멋진 모습을 찾아 기록하라.

스트레스 대처법

자긍심을 만드는 프로그램

TV 스타강사로 유명한 K 원장의 강의를 들은 적이 있는데, 자신이 성공한 것에 큰 힘이 된 것이 어릴 적 부모님이 한 말이었다고 한다.
"너는 용꿈 꾸고 태어난 아이다. 그래서 큰 인물이 될 것이다."
그런데 나중에 어른이 되어 성공하고 난 뒤 부모님께 진짜로 그런가 물어보니 거짓말이었다고 한다. 사실이든 아니든 출생 신화를 만드는 것은 자신감의 형성에 큰 힘이 된다.
어린 시절을 생각해보면 점쟁이의 말이든 동네 스님의 이야기든 어머니의 꿈 이야기든 자신과 관련된 멋진 이야기들이 있다. 중요한 것은 어린 시절 자신의 출생 신화를 K 원장처럼 굳게 믿는 것이다.
'나는 좋은 꿈을 꾸고 태어났어. 결국은 잘될 거야'라고 믿는다. 신화가 사실이든 거짓이든 우리는 그것을 믿었기에 지금까지 그 이야기를 하고 있다. 부모님과 주변 어른들에게 어린 시절 자신에 대한 뭔가 남다르고 뛰어난 점을 물어보면 생각보다 많이 이야기해줄 것이다.
사실 인간은 아주 힘든 경쟁을 뚫고 태어난다. 난자는 한 달에 한 개 생기지만 남자가 사정을 할 때는 약 3억에서 5억 개의 정자가 나온다. 아이는 평균 4억 대 1의 경쟁을 거쳐서 태어난다. 따라서 당신이 이 세상에 태어난 것에는 정자와 난자의 만남으로 이어지는 신화가 숨어 있다.

새로운 시도를 하라

　호주의 주머니쥐는 적을 만나면 죽은 척을 한다. 그리고 많은 곤충이나 동물이 위기상황에서 자신을 보호하기 위해 꼼짝하지 않는 행동을 한다. 움직이면 적에게 더 쉽게 노출된다고 생각하기 때문에 위기상황에서는 가만히 있는 것이 상책이라고 생각하는 것이다. 이런 동물들과 마찬가지로 인간 사회에서도 스트레스를 받으면 전반적인 삶의 자세가 복지부동伏地不動이다. 과연 스트레스를 받을 때 가만히 움직이지 않는 것이 가장 좋은 스트레스 대처법일까?

　이것을 알아보기 위해 쥐를 대상으로 실험해보았다. 쥐를 묶어 움직이지 못하게 한 상태에서 전기 자극을 주어 스트레스를 받게 한 쥐와 똑같이 묶어놓더라도 입에 나무 막대를 물 수 있게 해서 조금이라도 움직일 수 있게 한 쥐를 실험했다. 그런데 나무 막대를 물 수 있도록 한 쥐가 같은 전기 자극도 더 잘 견뎌냈다. 이와 유사한 많은 연구에서 스트레스를 받았을 때 어떻게 하든 스트레스를 줄이기 위해 행동하는 동물들이 스트레스를 더 쉽게 극복할 수 있었다.

쥐를 대상으로 한 실험에서 보듯이 스트레스를 극복하기 위해서는 가만히 있지 않고 몸을 움직이고 새로운 시도를 하는 것이 효과적인 대처법이다. 여행을 가든, 시장에 가든 자신이 익숙하지 않은 새로운 장소에 가서 새로운 경험을 하고 지금껏 한 번도 하지 않은 행동을 시도해보는 것이 스트레스에 대처하는 방법이다. 그런 활동을 하는 가운데 문제 해결을 위한 많은 통찰력을 얻고 그 가운데 내가 처한 문제가 객관화되고 새로운 해결책과 에너지를 얻을 수 있다. 또한 새로운 시도를 통해 문제가 해결되면, 스트레스는 오히려 성장과 발전의 기회가 된다.

대체적으로 스트레스를 받으면 평상시보다 우유부단해진다. 그래서 아무런 의사결정을 못하고 미결정 상태로 머물게 된다. 하지만 그것은 더욱 스트레스를 과중시킬 뿐이다. 과감하게 어느 것 하나를 선택하고 그것을 행동으로 옮기려는 용기가 더 빨리 스트레스에서 벗어날 수 있는 길이다.

스트레스를 받으면 적대적인 세력과 불확실한 미래에 대한 두려움이 더욱 증가하고 그 두려움은 당신에게 속삭인다. '아무것도 하지 마라.' 그러나 꼼짝 못하고 고통 받고 있는 쥐처럼 가만히 방에 앉아 있는 시간이 길수록 고통의 시간도 길어진다.

영화〈죽은 시인의 사회〉에서 키딩 선생은 학생들이 두려움을 극복할 수 있도록 도와주기 위해 그들을 모두 책상에 올라가게 하고 시를 외우고 자신의 목소리를 힘껏 내기를 요구한다. 이 같은 행동도 작은 도전이지만 의미가 있다.

지금까지 한 번도 하지 않은 것과 하고 싶지만 할 수 없었던 것들을 적어보라. 그리고 그것들을 스트레스를 받을 때 한 번씩 시도해보라.

지금 스트레스를 받고 있다면 뭔가 새롭게 할 수 있는 것이 있는지 살펴보고 도전을 해보라. 분명히 현재의 스트레스라는 감옥에서 탈출할 수 있을 것이다.

새로운 경험을 시도한다면 스트레스에서 벗어나고 자신을 성숙하게 한다.

스트레스 대처법

지금까지 한 번도 하지 않은 것을 아래에 적어보라.

_____
_____
_____
_____
_____
_____
_____

예전에 하고 싶었으나 하지 못했던 것을 아래에 적어보라.

_____
_____
_____
_____
_____
_____
_____
_____

※ 지금 당신은 무엇을 할 수 있는가? 생각해 보자.

Good Bye, Stress

CHAPTER 06

감정 훈련을 통한 스트레스 대처법

내가 스트레스를 받고 있을 때 나보다 어렵고 힘든 사람의 이야기를 듣고 그들에게 관심을 보이고 감정을 이입하면 내 감정은 오히려 누그러지게 된다. 슬픔이나 고통에 솔직해지는 마음은 심장과 혈압을 누그러뜨리며 들뜨고 기분이 좋을 때보다 사물의 본질을 더 잘 볼 수 있게 한다.

감정은 신체적 · 생리적
현상을 동반한다

　분노의 감정은 혈압을 상승시키고, 심장 박동수와 호흡을 빠르게 한다. 그리고 뇌의 뇌파를 베타파로 바꾼다. 반대로 감사의 감정은 뇌파를 알파파로 만들고 심장 박동수가 평정을 유지하게 함으로써 마음을 편안하게 한다.
　모든 감정은 필수적으로 신체 내부의 생리적 현상을 동반할 뿐만 아니라 신체 외부 즉, 얼굴 표정이나 몸 자세로 드러낸다. 만약 자신이 상사에게 실망감을 느낀다면 대화 중에 얼굴 표정과 몸 자세로 그것을 고스란히 드러낸다. 상대방이 주의 깊게 그것을 관찰하지 못해서 알지 못할 뿐 우리의 감정은 몸을 통해 드러나게 되어 있다.

비유해서 말한다면 감정은 바다이고 몸은 백사장이다. 몸과 감정은 인접해 있어서 몸을 통해 감정을 느끼고 감정이란 파도의 물결은 언제나 몸이란 백사장에 다다른다. 그러므로 감정과 몸은 상호 연관성이 있다는 말은 몸 상태를 바꿈으로써 감정을 바꿀 수 있다는 말이다.

뛰어난 연기자들이 즐거운 상황을 연기했을 때 그들의 심장과 혈압, 호흡과 뇌파는 실제 즐거움을 느낀 사람들의 것과 거의 유사했다. 슬픈 연기를 했을 때는 실제 슬픔을 느낀 사람과 유사했으며, 고통과 분노를 느꼈을 때 그들의 맥박과 혈압은 분노를 느낀 사람과 같았다. 그래서 슬픈 연기를 하는 사람은 우울증도 잘 걸리고 자살도 많이 한다고 한다. 반면 나이가 들어도 젊은 남자의 역을 많이 하는 중견배우는 나이에 비해 늙어 보이지 않는다.

실제 연기자들이 자신의 감정과 행동의 일치를 느끼고 좀더 사실적으로 연기하기 위해 장기적으로 영화나 드라마를 찍는 동안 세트장에서 연기가 끝나고도 실제 삶에서 자신의 배역을 벗어나지 못하는 경우도 많다.

이것을 직장생활에서 응용하면 스스로 회사에서 어떤 성격을 만들어 그 배역에 따라 즐거운 연기를 하는 것이다. 몸과 표정을 연기하듯이 즐겁게 하면 몸속에서 일어나는 생리적 현상은 즐겁고 긍정적인 상태를 실제 경험한 것과 같은 반응을 보인다. 아침에 출근하면 어깨를 펴고 씩씩하게 이야기하고 가끔 거울을 보면서 자신이 편안한 미소를 짓고 있는지 확인해보라.

자신이 주인공으로 살고 있는 이 세상에서 나는 '젊고 유능하고 밝은 표정을 갖춘 사람이다. 언제나 표정은 미소를 짓고 있고 어깨는 편안하게 내려가 있고 목소리는 부드럽다. 그리고 나는 침착하게 모든 문제를 해결해 나간다'라고 지속적으로 생각하면, 자신의 감정은 신체적 연기에 의해 길들여질 것이다.

몸을 통해 감정이 드러나듯이 몸 상태를 바꾸면 감정도 바꿀 수 있다.

스트레스 대처법

회사에서 당신의 업무 성격과 그리고 당신이 해야 할 연기를 적어보라. 그리고 이상적인 모델을 생각하고 새로운 성격과 역할을 부여하라.

나의 회사에서 이상적인 모델 :

닮고 싶어하는 회사의 배역은 누구인가? 그 사람의 역할과 성격을 적어보라. 그리고 왜 그 사람과 같이 되고 싶은지를 적어보라.

<u>김인동 부장, 그는 부드럽고 합리적이면서 부하들의 자기개발에 신경을 많이 쓰며 자신의 일을 열정적으로 좋아한다.</u>

당신이 좋아하는 드라마의 배역 :

내가 좋아하는 연기의 배역은 〈미우나 고우나〉의 강백호이다. 어려운 상황에서도 실망하지 않는 항상 긍정적이고 진취적인 모습이다. 강백호처럼 연기한다.

당신의 업무 성격과 해야 할 연기 : 당신에게 맞는 배역과 연기

역할 : 타인의 성장에 관심이 많은 즐거운 교육담당자.

성격 : 나는 실망하지 않는 긍정적·진취적 사람이다. 김 부장처럼 합리적이면서 강백호처럼 긍정적이다.

나의 연기 : 나는 김 부장과 강백호처럼 연기에 몰입하기 위해 매일 그 사람을 보면서 어떻게 연기해야 할지를 연구한다.

당신의 모델을 찾아서 연구하고 연기하라. 그리고 연기에 빠지기 위해서 그 인물의 성격과 감정에 몰입하면 당신도 그들과 같은 감정을 느낄 수 있다.

상황에 맞는 적절한
감정을 표현하라

 김 대리는 이달 들어 세 번째 지각이다. 김 부장은 화가 나서 참을 수 없어 소리쳤다.
 "김 대리, 또 늦는 거야? 어린아이도 아니고 몇 번을 말해야 알아듣겠어?"
 직원들이 모두 쳐다본다. 김 대리는 얼굴이 벌게진다. 박 부장은 화가 나서 오전 내내 기분이 안 좋았다.
 과연 이 상황에서 화를 내는 것이 적절한 감정 표현인가 아니면 참고 부드러운 말로 다음에 늦지 말라고 하는 것이 적절한 감정 표현인가? 감정은 모호한 상황도 있지만 언제나 '좋다, 싫다'로 느껴진다. 자신이 느끼는 감정을 여과 없이 표현하다 보면 상대방에 대한 지나친 공격이 될 수도 있고, 표현하지 않으면 무기력감을 느끼기도 하고 상대방에 대한 무관심으로 보이기도 한다.

딸의 친구가 실수로 아주 비싼 찻잔을 깨뜨렸을 때 불같이 화를 낸다면 아이에게 지나친 상처가 될 수 있다. 물론 화가 나고 찻잔이 아깝겠지만 어린아이에게는 적절히 감정을 드러내야 한다. 그러나 그냥 아무 말도 하지 않으면 아이는 자신이 매우 소중한 찻잔을 부주의하게 깨뜨렸다는 것을 모를 수도 있다.

상황과 상대에 맞게 적절하게 감정을 표현하는 것은 인간관계와 스트레스 관리에 핵심이다. 지나치게 화를 내거나 비난하는 것은 분명 상대방에게 상처를 입힐 수 있고, 분노는 또한 내 마음의 평정을 잃게 함으로써 짧은 순간에 내 심장과 혈압에 영향을 주어 건강에 좋지 않다. 그러나 무조건 감정을 절제하고 억누르고 무시하고 아무것도 표현하지 않으면 자신은 심각한 무기력과 자괴감에 빠질 것이다. 그럼 어떻게 감정을 표현하는 것이 적절한가?

첫째, 감정 표현은 상대방에게 받아들여질 수 있는 만큼만 표현한다. 아무리 자신의 감정을 표현한다고 하더라도 수용하기 어려운 상황이나 상대방이라면 자제한다. 앞에서 예를 든 어린아이가 자신의 소중한 물건을 깨뜨렸다면 자신의 감정을 적나라하게 표현해봤자 아무 소용이 없다. 오히려 자신만 우스운 꼴을

당하게 된다. 상대가 내 감정을 수용할 수 있는 상황인가 또는 수용할 수준이 되는지를 판단할 필요가 있다.

둘째, 감정 표현은 정확하게 언어로 표현하는 것이 효과적이다. 불쾌한 감정을 간접적으로 표현하거나 수동적 공격의 방법을 사용할 경우 상황을 더 악화시키는 경우가 많다. 부하 직원이 지각했을 때 화가 나고 실망했다면 소리를 지르고 책상을 치는 식으로 표현을 하거나 얼굴을 쳐다보지도 않고 화를 내지 말고 "김 대리가 지각해서 내가 많이 화가 났다"라고 정확한 언어로 표현하는 것이다. 이렇게 구체적이고 명확한 용어를 사용하는 것이 책임감 있고 용기 있는 태도이며 문제를 근본적으로 해결할 수 있는 바람직한 표현이다.

어떤 상사는 자신의 불쾌한 감정을 감추면서 나는 괜찮은데 다른 직원들이 김 대리에 대해서 나쁘게 이야기하더라는 식의 말을 하거나, 다른 곳에서 김 대리 욕을 하거나, 지각 문제로 김 대리에게 불이익을 주거나 짜증을 내는 경우가 있다. 이런 방법은 자신의 스트레스도 제대로 풀리지 않고 문제를 어렵게 만들 뿐만 아니라 상대방에게 가중한 스트레스를 주게 된다.

셋째, 만약 자신이 흥분했거나 화가 나서 적절한 감정 표현을 상대방에게 할 수 없거나 상처를 줄 수 있는 가능성이 있다면, 다른 사람에게 자신의 감정을 마음껏 표현해서 김을 빼고 좀 식힌 다음에 감정 표현을 하는 것이 바람직하다. 상황과 상대에 맞게 적절한 감정 표현을 할 수 있는 것은 인간관계에서 스트레스를 다루는 핵심 중에 핵심이다.

스트레스를 받았더라도 지금 자신의 감정은 무엇이며 이것을 어떻게 표현하는 것이 가장 적절한지 판단해야 한다. 이것은 단 한 번에 되지 않고 많은 감정 조절 연습을 통해서 이루어지는 것이다. 그리고 다시 한 번 강조하지만 감정을 너무 강하게 표현하는 것도 너무 표현하지 않는 것도 좋지 않다. 무엇이든 지나친 것은 좋지 않다는 말은 스트레스를 받았을 때의 감정 표현에서도 적용된다.

적절한 감정 표현은 인간관계에서 받은 스트레스를 이기는데 큰 도움을 준다.

상대방에게 감정적
　　기대를 줄여라

　부장과 충분한 커뮤니케이션을 하지 않고 휴가를 간 문제로 열을 받은 김 대리는 박 대리에게 자신의 고민을 이야기했다. 그러자 박 대리가 "부장에게 한 번 더 확인하고 가는 것이 좋았을 텐데. 김 대리에게도 잘못은 있는 거잖아"라고 이야기를 하면 김 대리는 박 대리의 말에 다소 자신을 이해해주지 못하는 것에 대해 화는 나지만 어느 정도 수긍은 된다. 그러나 똑같은 이야기를 남편에게 했는데 남편이 "네가 잘못했네"라고 하면 직장동료에게 똑같은 말을 들었을 때보다 화가 난다.
　직장동료나 모르는 사람보다 부부관계나 연인관계에서 서로에게 하는 사소한 말도 잘 못 참는 것은 서로에 대한 감정적 기대가 다르기 때문이다. 많은 것을 주고받고, 많은 것을 공유하는 연인이나 부부는 서로에게 많은 기대를 하게 된다. 특히 아래의 두 가지 기대를 더 많이 한다.

 첫 번째 기대는 '상대가 나에 대해서 잘 알겠지' 하는 기대감이다. 상대가 내 성격이나 내 사정을 잘 알고 있다. 그래서 내가 간단하게 말을 해도 내가 처한 상황을 내가 경험한 만큼 잘 알 것이라고 기대한다. 그래서 대개는 친한 사이는 많이 이야기하지 않아도 상황적 요소를 많이 파악하고 있으리라 기대한다.
 '이번 연휴 때 가족과 해외여행을 가야 했고 내 성격이 적극적이지 못해 부장에게 휴가에 대해 말하는 것이 불편했어. 부장은 딱딱하고 친절한 사람이 아니라서 내가 휴가에 대해 말한다면 거절할 수도 있잖아. 그래서 다시 말하기 어려웠던 거야.'
 이런 속마음을 남편이 다 이해해주기를 바란다. 그러나 가까운 사이이기 때문에 이런 상세한 내용을 말해주지 않아도 알 것이라고 기대하는 것이 갈등의 원인이다.
 다음과 같은 대화는 연인이나 부부 사이에서 다툼이 일어날 때 자주 발생한다. 연인이나 부부 사이에 상대가 내 말을 더 잘 들어줄 것이라고 기대하기 때문에 자주 일어나는 대화다.
 "나에 대해서 그렇게도 몰라?"
 "아니 지난번에 다 말했잖아. 내 말을 안 듣고 있었던 거야?"

"당신은 도대체 나에 대해 관심이 있는 거야?"

두 번째 기대는 상대가 무조건 내 편이겠지 하는 기대감이다. 옳고 그름이 중요한 것이 아니라 '내 편을 들어주겠지' 하는 기대감이다. 연인이나 부부 사이에 대화는 정서적 지지에 대한 기대가 높다. 옳고 그름에 대한 판단이 아니라 정서적 지지에 대한 기대가 다른 사람과의 관계보다 높다. '우리는 한편'이라는 느낌을 갖고 싶어한다. 특히 스트레스를 받을 때는 불안한 감정이 높아지기 때문에 정서적 기대에 대한 욕구가 더 증가한다.

당신이 병원에서 진료를 받는다고 가정해보자. 연인이나 가족이 어떤 이야기를 해주기를 기대하는가? 아마도 "괜찮을 것이다. 안 아플 것이다"라는 격려나 지지의 말을 기대할 것이다. 비록 당신의 가족이 전문의나 그 분야의 지식과 경험이 많지 않더라도 그런 격려나 지지의 말은 도움이 된다. 그러나 당신이 스트레스를 받고 있는 상황에서 같은 편이 되어주지 못하고 자신의 전문지식과 경험을 이야기하면서 충고만 해준다면 짜증이 날 것이다. 부부나 연인에게는 상대방이 감정적 기대를 느낄 경우 그 기대를 우선적으로 충족시켜주어야 한다.

연인이나 부부사이는 서로에게 많은 감정적 기대를 하게 된다.

감정이입을 통해
　내 감정을 치유하라

　김 대리는 지각을 해서 모든 직원들이 있는 앞에서 부장에게 심한 욕을 들었다. 물론 자신이 잘못해서 생긴 일이지만, 부장에 대한 부정적인 감정은 쉽게 사라지지 않는다. 그러다 보니 부장을 보는 눈빛이나 태도를 숨기려고 해도 무의식적으로 그것이 부장에게 간접적으로 전달되고 있다.

　부장이 나에 대해 모욕을 주었거나 함부로 한 경우 그 대상에 대한 미움과 분노의 감정은 아무리 이성적으로 억누르려고 해도 쉽게 사라지지 않는다. 스트레스를 불러일으킨 대상에 대한 부정적인 감정은 제어하기 힘들기 때문이다.

　스트레스를 받았을 때의 감정은 위기상황과 같은 감정을 갖기 때문에 불안하고 부정적이고 경계하고 방어적인 태도를 보인다. 그리고 스트레스를 불러일으킨 대상을 다시 만나면 아픈 상처를 떠올리듯이 쉽게 스트레스가 증가하고 그를 경계하게 된다. 따라서 스트레스를 받으면 자신의 상처 받은 감정을 위로해서 감정의 뇌를 진정시킬 필요가 있다. 그 방법 중의 하나가 나보다 힘든 사람의 감정을 느껴보는 것이다.

스트레스에 지친 감정을 치료하는 하나의 방법은 영화나 연극을 통해 다른 사람의 감정에 자신의 감정을 이입하는 것이다. 40대 중반의 남자라면 대부분 힘들 때나 삶의 무게가 너무 무겁다고 생각될 때, 영화 〈신데렐라 맨〉을 보면 눈물을 흘릴 것이다. 자신이 다른 사람이 되어 그 사람의 감정을 충분히 느끼게 되기 때문이다.

자신이 스트레스를 받고 있을 때 자신보다 어렵고 힘든 사람의 이야기를 듣고 그들에게 관심을 보이고 감정을 이입하면 자신의 감정은 오히려 누그러지게 된다. 슬픔이나 고통에 솔직해지는 마음은 심장과 혈압을 누그러뜨리며 들뜨고 기분이 좋을 때보다 사물의 본질을 더 잘 볼 수 있게 한다.

아리스토텔레스가 《시학》에서 인간의 연민과 슬픔의 감정은 정신적 승화를 불러일으키고 그 과정에서 몸의 여러 가지 불순물이 밖으로 배출된다고 했다. 실제 슬픈 영화를 보면서 흘리는 눈물에는 일반적으로 눈이 따가워서 흘릴 때 나는 눈물보다 카테콜라민이라는 스트레스 호르몬이 많은데, 이것은 카타르시스를 뒷받침하는 과학적인 증거라고 볼 수 있다.

 스트레스를 받을 때 아주 슬픈 영화를 보면서 주인공의 감정에 충분히 자신의 감정을 이입하는 것도 아픈 마음을 치유하는 좋은 방법이다. 다른 사람의 아픔을 이해하고 감정을 이입하는 것이 바로 자신의 감정을 치료하는 방법이라니 참으로 아이러니하지 않은가?

다른 사람이 되어 그 사람의 감정을 충분히 느끼는 것도 좋은 치유 방법이다.

감정도 스트레스를 받는다

강의를 하다 보면 하루 종일 미소를 지어야 한다. 잠을 자는 교육생, 듣기 싫어하는 교육생, 태도가 좋지 않은 교육생을 보고도 웃어야 한다. 어떤 어려운 질문에도 좋은 질문이라고 격려해야 하고 무시하는 듯한 눈빛에도 자신만만한 모습을 보여주어야 한다.

처음에는 가슴도 뛰고 강의가 잘 풀리지 않을 때는 등에서 식은땀도 난다. 그러나 무엇이든 자주 하다 보면 어느 정도 그 상황에 적응하게 된다. 그래서 겉으로는 매우 여유 있고 편안해 보이지만, 강의를 하고 난 뒤 몸과 마음에 피로감이 많이 남아 조금씩 누적된다.

마찬가지로 서비스 분야에 근무하는 사람들은 항상 고객들에게 웃음을 보여야 한다. 마치 배우가 연기를 하는 것과 같다. 속으로 화가 나지만 겉으로 웃고 있어야 한다. 이럴 때 자신의 감정은 진짜 감정이 아니고 가짜 감정이다. 물론 이런 가짜 감정은 계속 노력을 해야 하기 때문에 자신은 피로를 느끼고 지치게 된다.

사람은 쉴 때 몸의 긴장을 풀고 무거운 옷을 벗어버리고 자신의 자연스런 모습으로 편안하게 쉬고 싶어한다. 몸만 쉬고 싶은 것이 아니라 감정도 쉬고 싶어한다. 자신의 감정을 솔직하게 느끼고 표현할 수 있을 때 감정적 긴장이 풀린다.

우리가 남들에게 속을 때 속상하듯이 자기가 자신을 속이는 것도 속상하다. 어느 정도의 가장된 감정과 연기가 기분 상태를 바꾸는 데 도움이 될 수 있지만, 감정 연기도 노동과 같이 힘이 든다. 지속적인 오랜 감정 노동은 에너지를 고갈시키고 휴식 없이 계속 하다보면 신체 장기가 상할 수 있다.

감정의 절제와 연기는 직장생활에서 인간관계와 커뮤니케이션에서 필수적이고 어느 정도 스트레스 대처에 도움이 된다. 하지만 지나치게 오래하거나 너무 힘들게 노력을 할 때 제방의 둑이 무너져 홍수를 일으키듯이 쌓인 감정이 폭발하여 병을 가져올 수 있다. 가끔 안전한 장소와 편안한 사람과 함께 있을 때는 솔직한 감정을 나누며 쉴 수 있어야 한다.

항상 사람들에게 너무 멋있게 보이려고만 했다면, 마음이 통하는 친구들에게 솔직하게 '나는 이런 실수 때문에 고민스럽다'고 스스로 시인도 해야 한다. 또한 능력이 없다고 비난받을까봐 두려움에 사로잡혀 있다면, '사실 나는 능력이 없고 능력 없는 것이 들킬까봐 불안하다'고 털어놓을 수 있어야 한다.

감정 연기도 엄청난 에너지와 노력이 든다는 것을 잊어서는 안 된다. 그리고 일요일에는 맨 얼굴이 편하듯이 그런 편안한 시간을 만들어 감정을 노출시키고 편안하게 쉴 수 있도록 해야 한다. 특히 자신의 이미지를 관리해야 할 직업을 가진 서비스 관련 종사자들에게 특히 편안한 휴식이 필요하다.

스트레스를 받으면 몸도 쉬어야 하듯이 감정도 충분한 휴식이 필요하다.

아름다움은 스트레스를 치유한다

 어린 시절에 본 영화 중 기억나는 한 장면이 있다. 콘스탄틴 게오르규의 소설을 영화로 만든 〈25시〉에서 주인공 모리츠는 유대인으로 오해 받아 강제로 나치수용소행 기차에 짐짝처럼 태워진다. 기차는 아주 아름다운 곳에 잠시 머물게 되는데 열차에 탄 유대인들은 죽음의 수용소로 가는 길이기에 모두 살아 있지만 죽어 있는 듯한 표정을 짓고 있다. 그러나 모리츠는 들판에 핀 꽃들을 보고 그것을 꺾어 죽음의 수용소로 달리는 기차를 아름답게 장식한다. 사람들은 모리츠의 행동을 보고 아무런 감정 표현을 하지 않거나 일부는 미쳤다고 말한다. 하지만 그는 자신이 느끼는 아름다움을 마음껏 표현함으로써 다가올 두려움이나 고통을 잊어버리고 순간적으로 천진난만한 표정을 짓는다.

삶의 어느 순간 우리는 아름답다고 느끼게 된다. 아름다움은 스트레스로 뒤틀린 불안한 감정을 순수하게 정화시켜준다. 영화 〈아메리칸 뷰티〉의 마지막 장면에서 레스터 번햄이 강박적 성격의 동성애자인 이웃에게 총을 맞고 죽을 때 "내 주변의 세상이 이렇게 아름답다는 것을 모르고 나는 무엇을 찾기 위해 이토록 방황했는가"라고 말한다. 우리는 낙엽과 찻집 액자, 술잔과 길가의 이름 모를 꽃에서도, 배우의 진지한 눈빛에서도 아름다움을 발견할 수 있다면 잠시라도 혼란한 감정을 정화할 수 있다.

성격 관련 워크숍에서 어린 시절에 관한 그림을 그리라고 하면 대략 형태만 그려서 전달할 내용만 통하면 된다고 생각하는 사람과 그림을 통해 전달할 내용도 중요하지만 색을 예쁘게 칠해서 조금이라도 더 아름답게 보이려고 노력하는 사람도 있다. 뭔가 아름다운 것을 만들고 느낄 수 있을 때 자기만족도 커지고 정서적으로 풍요로워진다. 아름다움을 경험하고 창조할 때 감정은 평온을 느낀다. 우리 주변을 아름답게 꾸미고 아름다움을 자주 경험한다면 스트레스에 지친 감정을 위로할 수 있다.

주변의 아름다움을 찾아 정서적 풍요를 느껴라.

스트레스 대처법

산을 오르는 사람

등산을 다녀보면 산을 올라가는 사람에는 4가지 부류가 있는 것 같다. 그들은 주말에 등산을 하면서 스트레스를 해소한다. 그러나 그들은 같은 산을 오르지만 서로 다른 것을 즐긴다.

목표를 빨리 달성하려고 하는 사람

목표에 가능하면 빨리 도달하는 데 관심이 있어 가능하면 시간 단축을 하려고 얼마나 빨리 목표에 도달하는지를 보여주려는 사람이 있다. 이들은 산에 올라가기 전에 몇 시까지 정상에 올라가고 몇 시까지 내려온다는 목표를 정해놓고 올라간다. 이들은 대화도 잘 하지 않는다. 앞에 사람들이 천천히 올라가면 화가 나서 재빨리 앞지른다. 정상에 올라서 스스로 '뭔가 할 수 있다. 해냈다'는 느낌을 갖는 것을 좋아하기 때문에 산에 오르며 '더 빨리, 더 높이 올라가기'가 이들의 관심사다. 그들은 산을 내려오면서 통제감과 자신감과 강인함 그리고 삶에 대한 강한 의욕을 가지면서 스트레스를 해소한다.

먹고 즐기기 위해 산에 오르는 사람

산에 오를 때 술과 음식에 관심이 많다. 운동을 적당히 해서 식욕을 한껏 느끼면서 경치 좋은 곳에서 술이나 밥을 먹는 것에 관심이 많다. 이들은 조금 오르다 힘들어지면 '이제 됐다. 여기서 마시자! 먹자!'라는 말을 연발한다. 그들에게 산은 마시고 먹는 것을 즐길 수 있는 좋은 장소다. 이들은 맛있는 음식을 준비하고 함께 먹고 산을 내려오면서 몸과 마음이 이완되고 즐거운 감정을 갖게 된다. 세상은 살 만한 즐거운 곳이다. 즐거움이란 생활의 활력소다.

대화를 위해 산에 오르는 사람

먹고 마시는 것을 좋아하는 사람과 많이 중복되지만 산에 오르면서 계속 이야기를 즐긴다. 자주 앉아서 쉬면서 대화를 많이 나눈다. 이들은 사람을 만나고 고민을 털어놓기 위해 산에 온다. 이들은 산을 오르내리면서 많은 대화를 나누고 스트레스를 해소한다.

자연의 아름다움을 즐기는 사람

자연의 변화를 느끼면서 자연의 아름다움을 즐기는 사람이 있다. 하늘도 자주 보고 나무나 주변의 바위도 세세하게 바라본다. 그리고 사진을 찍기도 한다. 호흡을 가다듬으며 맑은 공기를 느끼면서 심호흡을 한다. 이들은 아름다움을 느끼는 데 더 많은 시간을 보낸다. 이들은 산을 오르내리면서 자연의 아름다움을 느끼고 스트레스를 해소한다.

산은 운동을 하며 맑은 공기를 마시고 아름다운 경치를 볼 수 있는 곳이다. 또한 자신감을 얻고 심신을 편안하게 할 수 있는 곳이기도 하다. 그러므로 등산은 스트레스를 해소하는 가장 좋은 방법 중에 하나이다.

감사는 나를 행복하게 한다

　나를 가장 화나게 하는 사람은 아마도 나와 가장 가까운 사람이고 그 사람은 내게 고통도 주지만 내게 많은 것을 준 사람일 것이다. 부모님, 선생님, 직장 상사, 직장 후배 그리고 직장 동료들은 나를 화나게도 하지만 과거에 분명 내게 많은 것을 베푼 사람들이다.

　박 이사는 김 차장을 발탁했다. 박 이사는 김 차장을 신입사원 때부터 가르치고 남들보다 많은 교육 기회를 주었고 특별 승진을 시켰기에 김 차장은 동기보다 2년이나 승진이 빠르다. 그러나 김 차장은 박 이사로 인해 너무나 스트레스를 많이 받는다.

박 이사는 김 차장이 능력이 있고 일을 잘하기 때문에 중요한 일을 많이 맡기고 높은 기대를 갖고 있다. 그러나 김 차장이 보기에 박 이사는 다른 사람보다 자신에게 더 많은 일을 시키고 변덕스러운 면이 많아 계획을 바꿀 때마다 변경 사항을 억지로 따라하다 보면 자주 화가 난다.

사실 김 차장은 박 이사를 겉으로는 따르는 것처럼 보이지만 속으로는 매우 미워한다. 그러나 다른 사람들은 김 차장이 박 이사를 미워하리라고 생각하지 않는다. 박 이사가 김 차장을 총애하고 특별히 잘해주는 것을 너무나 많이 봐왔기 때문이다. 김 차장은 박 이사가 다른 근무처로 옮기거나 자신이 다른 부서로 발령 나거나 회사를 다른 곳으로 옮겼으면 좋겠다고 생각한다.

이런 상사와 부하의 갈등은 조직에서 매우 흔한 일이다. 실제 잘 믿는 사람이나 좋은 대우를 받았던 사람이 조직을 떠나면서 예상치 않게 상사에게 강한 불만을 토로하기도 한다.

가정에서도 마찬가지다. 가난한 집에서 자식 5명 중 1명을 대학을 보내면 대학에 진학해서 다른 형제보다 혜택을 많이 받아 성공한 아들이 부모에게 감사하기보다 대학을 나오지 않은 다른 자식들보다 속으로는 부모에게 더 많은 불만이 있는 경우가 종종 있다. 그 이유는 많은 것을 주는 사람은 그만큼 의식적이든 무의식적이든 주는 것만큼 상대에게 받을 것을 기대하게 되고 받는 사람도 보답해야 한다는 심리적 부담감을 갖게 된다. 많은 것을 받은 자식은 부모에게 보답해야 하는 것이 버거워서 스스로 심리적 거리를 두는 경우도 있다.

앞에서 예를 든 박 이사도 자신이 김 차장에게 잘 해주었다고 생각했기에 많이 요구하게 되었고 이것이 김 차장을 불편하게 만든다. 받는 것과 그 보답의 균형은 대개는 수학적으로 객관적인 계산이 안 되기에 어느 한쪽이 실망을 하게 마련이다.

상대방에게 무엇을 받는다는 것은 고맙기도 하지만 심리적으로 갚아야 할 부담스러운 것이다. 그래서 우리는 살면서 타인에게서 많이 받을 때 갚아야 한다는 부담감에서 벗어나기 위해 고마움을 무의식적으로 잊어버린다.

지금까지 얼마나 많은 사람에게서 도움을 받았는지 생각해보면 참 고마운 사람들이 많을 것이다. 그러나 우리는 갚을 수 없을 때 무의식적으로 고마움을 잊어버리거나 당연시하는 습관을 갖게 된다.

그러나 고마움이라는 감정을 꼭 보답이라는 것과 연계시키지 않고 있는 그대로 느낄 수 있다면 스트레스로 인한 적대감과 불안감은 많이 사라진다. 심리학자의 연구에 의하면 고마움을 느낄 때 우리의 뇌는 명상을 할 때와 같은 알파파가 생기고 심장의 박동수도 느려진다고 한다.

자신에게 스트레스를 주는 사람이 밉지만 그들이 분명 과거에 도움을 준 일이 있다. 가족이나 직장 상사와 같이 인생에서 중요하고 가까운 인물들은 도움을 주기도 하지만 스트레스도 준다. 그들이 스트레스를 줄 때 그들이 내게 베푼 빚을 받아간다고 생각하고, 자신이 그들에게 받은 것에 대해 좀더 생각하고 감사하는 연습을 한다면 스트레스는 덜 받을 수 있다. 감사는 자신이 스트레스에서 벗어나고 행복해지기 위한 자신를 위한 현명한 행동이다.

가장 많은 스트레스를 주는 사람은 자신과 가까운 사람일 경우가 많지만 과거에 그들에게 도움을 받을 일이 있다는 것도 잊지 말아야 한다.

용서는 자신을
보호하는 행위다

   배신, 실망, 분노, 좌절과 같은 부정적인 감정은 우리의 신체 리듬을 깨뜨린다. 부정적인 감정을 없애지 않으면 그것은 몸속에 스며들어 특정 부위에 고통을 가한다.

   김 차장은 사장과 면담에서 박 이사의 리더십이 문제가 있고 박 이사 때문에 떠난다고 말했다. 이 말을 사장에게서 들은 박 이사는 강한 배신감을 느꼈고 밤마다 분한 감정이 들었다. 그러다 보니 몸도 피곤해지고 다른 직원들에게도 애정이 가지 않고 업무에 의욕이 떨어졌다. 박 이사는 김 차장에게 복수를 생각했지만 다른 회사로 이미 가버렸기 때문에 달리 복수할 방법이 없었다. 들리는 이야기에 의하면 김 차장은 부장으로 승진했고 연봉도 예전보다 30%나 올랐다고 한다.

　이런 비슷한 경험은 직장인이라면 한두 번 경험했을 것이다. 박 이사의 분노와 부정적인 감정은 사실 김 차장에게는 아무런 영향력을 미치지 못하지만, 박 이사 자신에게는 아주 나쁜 영향을 준다. 그는 일도 제대로 되지 않고 건강도 나빠졌다. 박 이사가 건강을 되찾고 정상적인 직장생활을 활기 있게 하기 위해서는 김 차장을 용서해야 한다.

　상대방을 위해서가 아니라 나 자신을 보호하기 위해서 우리는 용서해야 한다. 용서는 자신을 보호하는 가장 이기적인 방법이기 때문이다. 용서는 현실을 있는 그대로 받아들이고 지나간 일을 잊어버리는 것이다. 이미 엎질러진 물처럼 과거는 주워 담을 수 없고 다시 돌아오지 않는다. 그 사람이 내게 한 모든 행동이나 상처, 배신은 이미 과거가 되어버렸다. 현재의 나는 이제 과거를 덮고 앞으로 나아가야 한다. 용서를 하지 않으면 부정적인 감정이 몸과 마음을 과거의 감옥 속에 사로잡아서 계속 에너지를 쓸모없는 곳에 사용하게 하여 모든 병의 근원이 된다. 그 부정적인 감정의 뿌리는 내가 타인을 용서하지 않기 때문에 생긴다.

　지금까지 자신이 저지른 잘못과 다른 사람에게 받아야할 용서를 생각해본다면 타인을 좀더 쉽게 용서할 수 있다. 사실 박 이사도 김 차장에게 많은 스트레스를 주었다. 아마도 김 차장은 오히려 박 이사가 용서하기 힘든 사람일 수 있다.

　매일 한 가지씩 상대방을 용서하라. 그리고 그것을 일기에 적어라. 당신이 더 큰 인물이 되었다고 느낄 것이다. 또한 가능하다면 상대방을 대단한 인물이라기보다 불쌍하다고 생각하라. 그럼 더 쉽게 용서가 될 것이다. 모든 사람이 알고 보면 시시포스 Sisyphos처럼 인생이라는 가파른 산을 오르는 불쌍한 사람이다.

스트레스 대처법

용서 리스트

용서받은 일	용서해줘야 할 일
거짓말	내게 거짓말을 한 것
지각	나를 험담한 것
상대방에게 화를 낸 것	내게 이유 없이 화를 낸 것
새치기 한 것	나에게 무례하게 한 것

자신이 용서받은 것만큼만 남을 용서해주면 마음이 편안할 것이다.

용서는 자신을 위한 가장 이기적인 방법이다.

Good Bye, Stress

CHAPTER 07

9가지 성격 유형과 스트레스

김 과장과 박 과장은 같은 일을 해도 같은 어려운 일을 겪어도 서로 받는 스트레스가 다르다. 성격 차이가 있기 때문이다. 자신의 성격이 어떤 스트레스를 만들어내는지 잘 이해하면 스트레스를 극복할 수 있다. 먼저 자신의 성격이 어떤 유형에 속하는지 알아보자.

성격이 스트레스를 만든다

　김 과장은 모든 것을 자신이 해야 속이 시원하다. 항상 적극적이고 솔선수범하지만 부하들은 마음이 편하지 않다. 조그만 실수가 있어도 그냥 넘어가지 않고 항상 지적을 하기 때문이다. 김 과장 앞에 가면 후배들은 긴장을 하게 된다. 또 무엇을 지적당할지 모르기 때문이다.
　김 과장 자신도 스트레스를 많이 받는다. 후배들이 제대로 자신의 마음에 들지 않게 일하기 때문에 자신이 다시 해야 하고 자신이 이렇게 바쁜데도 후배들이 열심히 하지 않아 화가 난다. 특히 부하들에게 퇴근 때 책상 정리를 하고 퇴근하라고 몇 번을 이야기했는데 항상 지저분해서 화가 난다.

반면 같은 부서에 일하는 박 과장은 화가 날 일이 별로 없다. 후배들이 책상을 지저분하게 해놓고 퇴근해도 아무렇지도 않다. 그냥 좀 못하는 일이 있어도 '나중에 잘되겠지' 하고 믿어버린다. 항상 미소를 지으면서 세상에 화낼 일이 별로 없어 보인다.

김 과장과 박 과장은 같은 일을 해도 같은 어려운 일을 겪어도 서로 받는 스트레스가 다르다. 성격 차이가 있기 때문이다. 자신의 성격이 어떤 스트레스를 만들어내는지 잘 이해하면 스트레스를 극복할 수 있다. 먼저 자신의 성격이 어떤 유형에 속하는지 알아보자(좀더 자세한 검사를 원한다면, 필자가 번역한 《성격을 알면 성공이 보인다》에 실린 성격 진단지나 홈페이지(www.9ways.co.kr)를 통해서 확인해보면 된다).

사람은 개인의 성격에 따라 스트레스도 다르게 받는다.

자신의 성격을 진단한다

다음 문항 중 자신과 가까운 것을 선택해보자. 문항을 선택할 때 자신이 어떤 행동을 잘 하는지 모르는 경우 가능하면 되고 싶은 모습, 교육받아서 노력하는 모습, 옳다고 생각하는 모습보다는 자신이 자연스럽게 가장 많이 하는 행동방식을 선택하는 것이 좋다. 한두 가지 문장에 끌리기보다 전체의 문장을 읽고 문항들간의 상대 평가를 해서 가장 가까운 문항을 선택해야 한다.

1) 원하는 것을 추구하는 방식

가) 나는 매우 적극적이고 활동적이다. 노는 것도 적극적이고

일하는 것도 적극적이다. 원하는 것이 있으면 꼭 하고야 말고 대부분 사람들이 내가 원하는 것을 말하기 때문에 무엇을 원하는지 알고 있다. 나는 의사결정이나 행동도 빠르다. 느리게 반응하는 사람에 대해서 참을성이 없으며 의사결정시 매우 목적지향적이다. 대화도 내가 원하는 방향으로 주도하고 싶고 가끔 자기중심적인 생각과 행동을 하는 사람이란 소리를 듣는다. 식당의 메뉴도 내가 결정하는 것이 좋고 내가 무엇을 원하는지 분명히 잘 알고 있다. 가능하면 내가 원하는 대로 되어야 하고 남들이 따라주는 것이 좋다. 정말 원하는 것이 있다면, 규칙을 바꿔서라도 해야 한다.

나) 나는 사람들이 마땅히 해야 할 도리를 중요시 여긴다. 그렇기 때문에 어떤 선택을 할 때, 정말 내가 원하는 것을 바라고 선택하기보다 이 상황에서 무엇이 가장 옳은 일인지를 생각하고 가능하면 정당하고 올바른 방법과 사람들이 수긍하는 방법으로 원하는 것을 얻고 싶다. 나는 대체로 원하는 것이 있어도 다른 사람의 의견이나 상황을 고려하기 때문에 잘 주장하지 못한다. 부모님이나 주변 상황, 원칙, 사회적 질서, 규칙을 존중해서 정말 내가 원하는 것을 하기보다 그 상황에서 최선이라고 생각하고 바람직하다고 생각하는 행동을 한다. 내가 뭘 하고 싶은 것이 있어도 상황적 여건 때문에 양보하는 경우가 많고 특히 도덕적으

로 합당하지 않은 일을 하거나 사회적인 규범을 벗어나는 일을 잘 못한다. 스스로 생각할 때 융통성이 다소 부족한 것 같다.

다) 나는 다소 소극적인 편이라 먼저 나서지 않고 관망하는 편이다. 혼자 있는 시간이 필요하고 몸을 많이 움직이는 활동을 좋아하지 않는다. 뭔가 원하는 것이 있어도 속으로 많이 생각하고 그것을 가지는 것을 상상한다. 그래서 사람들은 내가 무엇을 원하는지 잘 모르는 경우가 많다. 나는 대개 원하는 것을 말로 표현하고 요구하기보다 공상을 즐기는 편이다. 나는 몸을 많이 사용하고 바로 행동으로 옮기기보다 머릿속으로 생각하는 것이 능숙한 편이다. 내 욕망을 강하게 주장하는 것보다 욕망을 줄이는 것이 오히려 내게 편안하다. 간섭 받지 않고 조용하고 혼자 사는 것이 큰 성공을 이루는 것보다 좋다는 생각도 많이 한 적이 있다. 생각 속에 또 하나의 세계가 있고 원하는 것이 있을 때 공상을 하면서 그것이 이루어진 세상을 공상하는 것이 능숙하다.

2) 일이 뜻대로 잘 안 될 때나 원하던 결과를 얻지 못했을 때

A) 가능하면 긍정적으로 생각하려고 애를 쓰며 좋은 쪽으로 스스로 위로하며 합리화를 한다. 그러나 그런 긍정적 생각이 문제를 근본적으로 해결하는 방식이 아니고 문제를 덮어두고 싶

고, 외면하고 싶은 경우가 많다. 그러나 기분이 좋지 않은 감정 상태를 지속시키는 것은 나 자신에게 힘들기 때문에 문제를 심각하게 고민하기보다 가능하면 사람들에게 긍정적으로 보이고 싶다.

B) 나는 내 뜻대로 안될 때나 실망스러울 때 실망감이나 좌절감이 다른 사람보다 좀 강렬한 것 같다. 감정적으로 강하게 느끼고 내가 경험한 실망이나 불만을 남들이 알아도 괜찮다. 사실 내게 안 좋은 일이 생기면 나는 감정을 자제한다고 노력해도 대개는 남들이 거의 나의 감정적 반응을 눈치 채는 경우가 많다. 나는 다른 사람보다 나 자신의 감정을 많이 드러내는 것 같다. 솔직히 내가 화나고 좌절감을 느낄 때 상대방도 알아주고 감정적으로 같이 반응해주고 관심을 보여주길 원한다.

C) 나는 일이 뜻대로 되지 않거나 실망스러운 일이 생겨도 매우 논리적이고 이성적이다. 안 좋은 상황이나 결과에서도 효율적이고 완벽하게 그 상황을 어떻게 처리할 것인지를 냉정하게 먼저 생각하고 감정 표현은 매우 자제한다. 안 좋은 상황에서 스스로 감정적인 표현을 자제하고 우선적으로 문제 해결에 집중하고 상대편의 감정도 잘 수용하지 않기 때문에 속마음과 다르게 차갑다는 인상을 주는 경우가 종종 있다.

3) 성격 유형

두 가지 질문의 조합과 성격 유형은 다음과 같다.

유 형	성 격
1번 - 나C	원칙을 중시하는 완벽주의자
2번 - 나A	타인을 잘 도와주는 도우미
3번 - 가C	성공을 추구하는 성취인
4번 - 다B	감정의 기복이 크고 섬세하며 내적 아름다움을 추구하는 예술가
5번 - 다C	관찰을 좋아하며 지식에 대한 탐구심이 강한 관찰자
6번 - 나B	성실하며 안정을 추구하는 충직한 사람
7번 - 가A	변화와 자유, 즐거움을 갈망하는 자유인
8번 - 가B	어렵고 힘든 일에 도전하는 도전인
9번 - 다A	갈등을 회피하고 편안함을 추구하는 평화주의자

유형1 나C 원칙을 중시하는 완벽주의자

1) 자주 받는 스트레스

• 상대방이 변하지 않는 것으로 스트레스를 받는다

완벽주의자는 상대방을 개선시키고 더 나은 삶을 위해서 노력하기 때문에 직장 동료나 후배들을 개선시키려고 노력한다. 그러나 완벽주의자들은 잘 바뀌지 않는 상대방으로 인해 스트레스를 받는다. 자신의 충고와 지적이 비록 옳다고 해도 사람들이 바뀌는 데는 시간이 많이 걸리고 나름의 노력을 하고 있다는 점을 완벽주의자는 잘 알지 못한다. 이 유형은 사람들이 실수나 잘못된 행동을 빨리 개선하기를 원하기 때문에 상대방이 잘 변하지 않고 개선되지 않는 모습을 보고 스트레스를 받는다.

• 지나친 책임감으로 인해 스트레스를 받는다

부하나 다른 사람들이 일을 잘못할까봐 걱정이 많다. 그래서 자신이 직접 해야 마음이 놓인다. 부하나 자신과 관련된 사람들이 실수나 잘못을 해서 자신이 피해나 비난의 소리를 들을까봐 매우 신경을 많이 쓴다. 그래서 그들은 정확하게 지시하고 지시한 대로 진행되고 있는지 작은 것도 확인하고 싶어한다.

만약 완벽주의자와 같이 일한다면 합의나 약속, 지시 받은 것이 있다면 반드시 그대로 해야 한다. 방법을 바꾸거나 융통성을 부려서는 안 된다. 그래도 조금이라도 바꿀 일이 있으면 꼭 사전에 알리고 동의를 구해야 한다. 특히 완벽주의자들은 부하들의 거짓말, 변명, 정리정돈을 하지 않는 것, 지각 등을 너무나 싫어한다. 그리고 그것을 발견하면 바로 직선적으로 지적한다. 이런 비판은 자신도 스트레스를 받고 부하들도 매우 힘들어 한다.

• 완벽으로 인해 스트레스를 받는다

완벽주의자들은 자신의 일은 완벽하고 실수가 없다고 생각하기 때문에 상사나 다른 사람들에게서 잘못했다는 지적을 받아들이지 못한다. 그리고 어떤 경우에도 지적을 받지 않기 위해서 지나친 에너지를 투여한다. 그들은 항상 슈퍼 에고라는 도덕적 감시자가 그들을 지켜보고 있기 때문에 의사결정시 슈퍼 에고와 대화를 통해 일을 완벽하고 도덕적으로 옳은 방향으로 일을 하려고 한다. 그렇게 하지 못할 경우 강한 죄책감을 느낀다.

2) 스트레스를 줄이는 방법

- 자신의 신념을 의심하라

완벽주의자들은 자신이 옳다는 신념이 매우 강하다. 따라서 역설적으로 자신이 틀릴 수도 있다고 생각할 필요가 있다. 그래야 다른 사람의 시각을 수용할 수 있고 자신도 틀릴 수 있다는 것을 알 수 있다. 누구나 실수할 수 있고 잘못 생각할 수 있다.

완벽주의자들은 자신이 실수하고 틀린 모습을 다른 사람에게 보이지 않으려는 욕망이 강하다. 그러나 사람들은 자신이 틀린 것을 알고 솔직히 시인하면 더 많은 호감을 갖게 된다. 다른 사람이 실수나 잘못을 할 때마다 지적을 하고 고치려고 하면 그것이 수정되는 측면도 있지만 상대방이 의욕을 잃어버리고 수동적으로 바뀔 수 있다는 사실도 감안할 필요가 있다.

- 즐거움을 느껴라

즐거움을 누리는 것은 죄악이 아니다. 이 유형은 놀러 가더라도 주변에 박물관이나 의미 있는 곳을 들러 뭔가 배우거나 도움이 되는 교훈을 얻고 싶어한다. 일주일에 하루 정도는 모든 책임감이나 구속감에서 벗어나 자유롭게 즐길 필요가 있다. 가끔 기존의 틀에 벗어나는 행동을 하거나 유머를 즐기려고 노력하면 스트레스가 많이 줄어든다.

이 유형은 일과 상관없는 취미생활과 여유를 더 많이 가질 필요가 있다. 열심히 일한 그대, 이제 떠나라! 그리고 죄책감 없이 즐겨라. 그래도 완벽주의자들은 다른 사람보다 열심히 살고 있다.

스트레스를 불러일으키는 성격적 요소

_ 책임감, 의무감, 완벽주의, 도덕주의, 최고 의식
모든 것이 질서정연하고 규칙적이어야 한다. 양심적이고 도덕적이며 정당한 일을 하고 싶어한다. 이들에게는 거짓말과 부조리, 혼란과 어수선함이 스트레스를 불러일으키는 요소다.

스트레스를 받았을 때의 행동

분노를 참으려고 하지만 날카로운 어조, 딱딱한 행동과 가끔 직선적인 비난을 하며 불쾌감을 겉으로 드러낸다. "왜 화났느냐?"고 물으면 화를 통제하지 못하는 느낌을 싫어하기 때문에 화가 난 것을 강하게 부정한다. 그러나 자주 화가 나고 화가 난 감정을 잘 다루지 못한다.

유형 2 나A 타인을 잘 도와주는 도우미

1) 자주 받는 스트레스

• 고마움을 표시하지 않는 것에 대해 스트레스를 받는다

이 유형은 상대방에게 많은 도움을 주는 사람이다. 때로는 상대방이 기대하는 것 이상을 주어서 미안함을 느끼게 한다. 그러나 이렇게 도움을 준 상대방이 고마움을 표시하지 않거나 진정으로 자신의 마음을 몰라준다는 생각이 들면 상처를 받는다. 자신의 마음을 어떤 구체적인 행동(선물, 칭찬, 봉사)을 통해 상대방에게 표현하고 그에 상응하는 보답이나 정서적 표현에 대한 기대를 갖기 때문에 사람들로 인해 상처나 실망감도 많이 느끼게 된다.

친구가 많지만 혼자 있으면 쓸쓸하고 외로움을 많이 느낀다.

• 자부심과 인간관계로 인해 스트레스를 받는다

이 유형은 자부심이 강하다. 자신을 매우 괜찮고 헌신적이며 모든 사람들이 좋아한다고 생각한다. 따라서 타인의 평판에 신경을 많이 쓴다. 평판을 나쁘게 하거나 체면이 상하는 창피한 일을 당할 때 큰 상처를 받고 스트레스를 받는다. '사람들이 나를 좋아하지 않을까 싫어하지 않을까' 하는 타인에 대한 반응에 신경을 많이 쓰기 때문에 그로 인한 스트레스가 생기기 쉽다.

2) 스트레스를 줄이는 방법

• 상대방보다 자신의 요구에 충실하라

상대방의 요구와 원하는 것을 자꾸 들여다보고 시간을 쓰다가 자신에게 소홀할 경우 나중에 스스로 실망감을 느끼거나 화가 날 수 있다. 자신의 마음이 편안하고 즐거워야 상대방에게 진정으로 도움을 줄 수 있다. 자신의 건강 상태, 에너지, 기분을 챙기는 것은 결코 이기적이지 않다. 상대방을 도와주고 친절하게 하는 것도 좋지만, 내면의 욕구에 충실하고 자신에게 신경을 쓰고 능력을 개발할 때 더욱 멋지고 깊이 있어 보인다. 그 결과 사람들이 당신을 사랑하고 호감을 가진다. 진정 멋진 삶이란 내적으로 개성 있는 생활을 하고 인간관계가 조화를 이룰 때다.

• 다양한 상대방의 감정적 표현의 차이를 인식하라

당신은 마음속에 원칙과 믿음이 있다. 사람들이 당신을 좋아하도록 하기 위해서는 먼저 베풀고 다가서야 한다는 믿음과 상대방이 나를 진정 좋아하면 내가 상대방에게 했듯이 나에게 보답하고 표현할 것이라는 원칙이 있다. 이 두 가지가 현실에서는 스트레스를 준다.

이 유형이 상대방이 나를 좋아하게끔 하기 위해 하는 좋은 말, 칭찬, 베푸는 행위는 때로는 매우 부담스럽고 불편한 행동으로 여겨진다. 칭찬과 친절은 그것을 받아들여질 준비가 안된 사람에게는 뭔가 의도 있는 행동으로 그리고 자신을 조작하고 움직인다는 느낌으로 부정적으로 받아들여질 수 있다.

호감과 고마움을 표현하는 방법은 매우 다양하다. 이 유형은 고마움을 느낄 때 바로 그것을 표현해야 한다고 생각하지만, 사람들은 1년 이상 고마움을 간직하고도 표현하지 않는 사람도 있고 같이 식사를 하지 않거나 선물을 하지 않아도 여전히 상대방에 대한 믿음과 신뢰를 가지고 있는 사람도 많다. 고마움을 느끼더라도 표현 방식의 차이가 있다는 것을 안다면 타인에 대한 실망으로 인한 스트레스를 줄일 수 있을 것이다.

스트레스를 불러일으키는 성격적 요소

_ 타인에 대한 지나친 배려, 자신의 친절을 상대방이 알아주고 보답받기를 바라는 마음, 인기와 인정에 지나치게 신경을 쓴다.

서로 인간적인 정을 주고받기를 좋아하며 타인의 감정적 반응과 확인에 에너지를 많이 쏟기 때문에 인간관계가 넓고 좋으면서도 아이러니하게도 인간관계로 인해 상처를 많이 받는다. 주로 다른 사람이 자신의 호의를 무시하거나 당연하게 받아들일 때 스트레스를 받는다. 남에게 비쳐지는 모습, 타인의 평가에 신경을 많이 쓰기 때문에 여러 사람이 있는 곳에서 자신의 체면이 상했다고 생각했을 때 매우 강한 적대감을 갖는다.

스트레스를 받았을 때의 행동

이 유형은 스트레스를 받으면 처음에는 상대방에게 감정을 숨기고 냉정하거나 무관심한 태도를 보인다. 평소에 자주 연락을 하던 사람이라면 연락을 끊고 거리를 둔다. 그러나 스트레스가 가중되면 다른 사람에게 불평을 하기 시작하고 더 많이 쌓여 한 번 입 밖으로 내뱉으면 격렬하게 폭발시킨다. 이들은 스트레스를 심하게 받을 경우 미리 무슨 말을 해야 할지 계획을 짜놓거나 말할 기회를 만들어놓고 본격적으로 말하는 경우가 많다.

유형 3 가C 성공을 추구하는 성취인

1) 자주 받는 스트레스

• 남들보다 잘해야 한다

김 과장은 상사가 어려운 일을 제안해도 '불가능할 게 뭐가 있겠어요?'라고 생각하며 한 번 해보겠다고 이야기한다. 이렇게 스스로 일을 많이 하고 상사에게서 일도 많이 받아오기 때문에 부하들은 김 부장에 대한 불만이 많다. 그러나 자신도 일요일에 출근하면서 부하들을 잘 회유하여 그 일을 끝내려고 한다.

이 유형은 어린 시절에 수많은 대회에 나가서 상을 받고 칭찬받았던 기억을 자주 떠올린다. 뭐든 노력하면 더 잘할 수 있다고 생각하며 항상 바쁘다. 시간이 있으면 뭘 배우든지 누구를 만나든지 시간을 의미 있게 보내려고 한다. 남보다 뒤처지는 것은 싫다. 또한 친구나 직장 동료들 사이에서도 중심이 되고 싶어하고 상사에게 강한 인정과 신뢰를 받고 싶어한다. 그래서 어떤 장소에서나 최선을 다한다. 그러나 모든 일에서 남들보다 잘해야 한다는 것 때문에 많은 에너지 소모와 심적 부담을 갖게 된다.

• 내 감정을 무시한다

이 유형은 감정을 있는 그대로 느끼고 싶어하지 않는다. 솔직한 감정을 느끼고 표현하는 것이 일을 잘하는 데 도움이 되지 않다고 생각하기 때문이다. 항상 남들보다 잘해야 하기 때문에 힘들고 괴로울 때가 많다. 그러나 남들이 자신이 힘들다는 것을 알기를 원하지 않고 자신의 멋진 모습과 결과만 보기를 원한다.

가끔 자신이 부족하다는 생각과 실망감으로 열등감을 느낄 때도 있다. 그러나 열등감을 들키고 싶어하지 않기 때문에 내면에서 일어나는 감정에 대한 인식을 거부한다. 성공을 위해 자신을 몰아세우면서 감정을 연기하고 연출하다 보면 스스로 진정으로 좋아하는 것보다 외부로 비춰지는 성공한 사람의 모습으로 보이는 것에 가치를 두게 된다. 이런 상태가 지속되면 자신이 진정으로 원하는 것과 그것의 의미와 가치를 모르기 때문에 오히려 성공한 뒤 마음 뒷편에 공허감을 느끼게 된다.

2) 스트레스를 줄이는 방법

• 상대방을 인정하고 도와주고 칭찬하라

경쟁자를 만들고 상대방을 계속 이기는 것은 피곤한 일이다. 서로 지지 않기 위해 뛰는 것은 서로의 발전에 도움이 될 수 있지만 지나친 경쟁은 피곤한 일이다. 승자가 있으면 패자가 있다. 내가 이겼을 때는 승리의 기분을 만끽한다. 하지만 내가 패자가 되었을 때의 모습을 상상하면 실패를 더욱 두렵게 한다.

딸과 친구 A는 경쟁관계로 서로 라이벌 의식이 강하다. 딸이 수학 성적이 A보다 좋으면 꼭 전화를 한다. "너 3개 틀렸다면서. 공부 많이 했잖아. 참 안됐다" 하고 상대방의 아픈 곳을 찔러준다. 그리고 자신이 A를 이겼다는 것을 매우 즐거워하고 자랑한다. 그래서 친구를 왜 그렇게 마음 아프게 하느냐고 물었더니 A도 자기에게 똑같은 짓을 했다고 말했다.

회사에서 C와 D는 서로에게 신경을 쓰고 누가 잘하나 계속 에너지를 쏟는다. 물론 발전도 있지만 스트레스도 많고 회사에서도 눈에 보이지 않게 경쟁을 한다. 상사는 이들의 경쟁을 즐길지 모르지만 당사자들이나 동료들에게는 매우 피곤한 일이다.

이 유형의 기본 욕구는 칭찬 받는 것이다. 그러나 모든 상황에서 잘하는 것은 가정에서나 학교에서 부모나 선생에게는 칭찬을 받을지 모르나 회사에서는 눈에 보이지 않는 적대세력을 만들어

따뜻한 인간관계를 그르칠 수 있다. 스트레스에서 벗어나는 일은 상대방을 인정하고 지지하고 칭찬해주는 것이다. 다른 사람을 도와주고 그들과 협력하고 그들을 수용하는 자세를 가짐으로써 더 많은 마음의 평화와 즐거움을 얻을 수 있다.

• 자신의 감정을 솔직히 인정하고 진정으로 사람을 대하라

자신의 슬픔과 괴로움과 창피 등 부정적인 감정도 솔직하게 인정하라. 슬플 때 슬프다고 이야기하고 힘들 때 힘들다고 말하고 실망할 때 실망했다고 이야기하라. 자신의 감정을 정확히 인식하고 자신을 위로하는 것은 매우 중요한 일이다. 감정을 정확하게 느끼고 인정하는 것이 감정 정화의 첫 단계이기 때문이다.

슬플 때 울지 않고 슬퍼하지 않으면 다른 신체 장기가 대신 운다. 그러므로 자신의 감정을 정확히 알고 표현하는 것이 스트레스 해소에 도움이 된다. 또한 자신의 진짜 모습을 보여주면 사람들이 자신을 좋아하지 않을 것이라고 생각하여 자신의 외적인 면에 지나치게 신경을 쓰는 경향이 있다. 이런 외적인 이미지에 신경을 쓰는 것은 자신을 피곤하게 만든다. 보여주는 모습보다 진정한 자신의 솔직한 모습으로 사람을 대하고 일할 때 오히려 더 큰 만족감을 느끼고 스트레스도 줄어들고 사람들도 진심으로 좋아한다.

스트레스를 불러일으키는 성격적 요소

_ 경쟁에서 이겨야 한다. 더 잘해야 한다. 인정을 받아야 한다. 다른 사람보다 잘해야 한다. 최고가 되어야 한다. 결과가 아주 좋아야 한다.

이 유형은 자신이 최고가 되어야 하고 경쟁자보다 나은 사람이 되어야 하기 때문에 좋은 결과를 보여주지 못할 때, 중요한 사람으로 인정받지 못할 때, 자신의 능력을 발휘하지 못할 때, 경쟁에서 질 때 스트레스를 받는다.

스트레스를 받을 때의 행동

자신의 감정 상태를 숨기는 데 매우 능숙하기 때문에 스트레스를 받고 있더라고 그것을 잘 드러내지 않는다. 평소 상사의 업무 지시에 대해서도 매우 수용적이고 긍정적이나 스트레스를 받으면 날카로운 질문을 한 번씩 던질 정도로 자신의 불편함을 드러낸다.

다른 사람의 시선을 생각하기 때문에 스트레스를 받아도 아주 친하지 않으면 속마음을 잘 드러내지 않으나 일의 의욕은 떨어진다.

유형 4 감정의 기복이 크고 섬세하며
다B 내적 아름다움을 추구하는 예술가

1) 자주 받는 스트레스

• 부정적인 비교를 한다

그녀는 얼굴도 예쁘고 능력도 있고 교사로서 안정된 직업을 가지고 있어 남들이 모두 부러워해도 자신은 고민이 많다. 자신을 진정으로 사랑해주는 사람이 없다고 여기기 때문이다. 그녀는 자신이 가진 열 가지 장점보다 친구나 주변의 사람들이 그녀가 가지지 않은 한 가지 능력이나 장점에 더 주목한다.

이 유형은 이렇게 남들을 부러워하고 시기한다. 비교는 인간을 가장 불행하게 만드는 요소다. 특히 자신이 못하는 것과 상대방이 잘하는 것을 비교하는 것은 영원히 이길 수 없는 심리게임이며, 실제 원하는 것을 다 갖고 있어도 비교를 통해 스트레스를 받을 수 있다.

- 타인의 반응에 민감하다

직장 상사에게 반갑게 인사를 했는데 상대방이 얼굴을 찌푸리거나 받아주지 않았다면 그것만으로 하루 종일 마음을 상하게 할 만큼 타인의 반응에 민감하다. 자신의 진정이나 진심이 전달되지 않을 때 매우 속상하고 사람들이 자신을 무시하고 낮추어 본다는 생각과 열등감으로 매우 힘들어 한다.

상대방의 감정이 고스란히 자신에게 전달되고 또한 자신의 감정이 여과되지 않고 상대방에게 그대로 전달되기 때문에 매우 감정적인 반응을 하기 쉽고 그런 감정적 반응 때문에 주변 사람을 불편하게 하고 자신도 힘든 경우가 많다.

2) 스트레스를 줄이는 방법

- 긍정적이고 목표지향적인 일정표를 작성하라

이 유형은 자신의 감정에 따라 즉흥적으로 행동하는 경우가 많다. 그리고 감정에 따른 행동을 하다 보면 생활의 리듬이 깨지기 쉽다. 목표지향적인 행동과 시간관리와 규칙적인 생활은 특히 규칙적인 운동은 자신의 감정을 잘 조절할 수 있게 해준다. 목표와 시간 계획에 따라 행동하다 보면 자기 절제와 규제가 증가하고 몸과 마음이 건강해짐으로써 자신감도 생기고 일에서 더 많은 성취감을 느낄 수 있다.

• 감정을 너무 믿지 마라

이 유형은 자신의 감정에 매우 충실하다. 그러다 보면 자신이 느낀 감정이 그 순간 삶의 전부인 양 느껴지며 다른 주변의 것이 전혀 보이지 않는다.

감정에 지나치게 몰입하다 보면 즐거울 때는 즐거운 감정에 완전히 몰입하고, 슬플 때는 슬픈 감정에 완전히 몰입하게 된다. 그리고 시기심이나 증오심에 몰입할 때는 그 감정에서 헤어나오지 못한다.

감정은 매우 소중한 것이지만, 사실 그것은 영원히 지속되지 않고 곧 바뀐다는 것을 깨달아야 한다. 지금의 감정적인 반응이 현재의 사건 때문이 아니라 사실은 과거의 많은 감정적인 경험 때문일 수도 있다.

한편으로 이 유형은 자신의 감정뿐만 아니라 다른 사람의 감정을 읽고 해석하는 습관이 있는데, 그것이 잘못 해석된 것일 수도 많고 다른 사람보다 지나치게 자신이 민감하게 반응한다는 사실을 깨닫는 것이 매우 중요하다.

스트레스를 불러일으키는 성격적 요소

_ 다른 사람과 부정적인 비교, 예민함, 과거의 잘못된 일을 잘 못 잊는 것, 감정의 기복

이 유형은 매우 독특하고 예술적 능력이 뛰어나며 감수성이 예민하다. 이들은 자신의 독특성을 인정받고 싶어한다. 그러나 그 독특성을 사람들이 잘 알아보지 못할 때 스트레스를 받는다.

한편으로 이 유형은 감정 중심적이라 남들에게서 무시 받지 않을까 하는 두려움과 자기 가치를 상실해 사랑을 받지 못할까 하는 두려움이 크다.

스트레스를 받을 때의 행동

이 유형은 스트레스를 받으면 퉁명스러워지고 약간 신경질적이 되거나 아니면 아예 말이 없어진다. 그러나 마음속으로 온갖 생각과 감정이 교차하고 문제가 풀릴 때까지 그것을 생각하고 있다.

또한 스트레스가 심하면 다른 사람에게 자신의 감정을 다 털어놓고 싶어한다. 그래서 이들은 고민을 상담해줄 사람이 필요하다. 자신이 어려울 때 상대방에게 감정적 지지를 얻기를 원하고 타인의 관점과 해석을 듣고 싶어하고 조언을 구한다. 그렇기 때문에 스스로 감정적인 정리가 되는 것이 무엇보다 가장 중요하다.

스트레스 대처법

예술가 유형의 민감성과 부정적 예측

회사 야유회에 참가한 김 과장과 부서원들은 오랜만에 즐거운 시간을 함께했다. 그러나 박 대리는 집안에 중요한 일이 있어서 먼저 가야 했기에 김 과장에게 "집에 중요한 일이 있어서 먼저 가야 한다"고 말하고 자신의 차에 올랐다. 김 과장은 잘 가라고 손을 흔들었는데 운전석에 앉은 박 대리가 눈을 찡그렸다.

그 순간 김 과장은 박 대리와 지난주에 자신과 약간의 언쟁이 있었던 사건이 떠오르면서 아직까지 그것을 잊지 못했나 하면서 불쾌함과 서운함을 느꼈다. 그리고 그 언짢은 기분은 다음 날 출근한 후 며칠 동안 지속되었고 기분이 우울했다.

김 과장은 계속 마음이 불편해서 업무가 제대로 되는 것 같지 않고 스트레스를 받아서 박 대리를 회의실에 불렀다. 그리고 박 대리에게 "자신을 왜 그렇게 불편하게 생각하느냐?"고 물었다. 김 과장은 무엇이 마음에 들지 않는지 알고 싶다고 말하며 자신은 잘 해보려고 하는데 박 대리의 행동이 매우 신경이 쓰인다고 말했다.

그러자 박 대리는 정색을 하면서 자신은 김 과장에게 불편한 것이 없다고 말했다. 그럼 왜 야유회 때 조심해서 가라고 손을 흔들었는데 인상을 쓰면서 싫은 표정을 보였느냐고 물었다. 하지만 박 대리는 그 사실을 기억도 못하고 있었다. 당황한 박 대리는 그때 김 과장을 보지 못했으며 아마도 햇볕이 너무 눈이 부셔 찡그렸을 수도 있었을 것이라고 말했다.

이 유형은 타인의 부정적인 감정에 지나치게 민감하며 작은 것도 확대 해석하는 경향이 있다. 따라서 자신의 감정을 지나치게 믿지 말아야 한다. 다른 사람들이 자신을 싫어한다는 부정적인 감정이 지나치게 강할 때 분명 당사자에게 확인해보아야 한다. 상대는 그런 감정을 갖지 않는 경우가 많다. 불명확한 외부 정보가 내 과거의 경험이나 감정과 접목되어 상상으로 확대되고 번지기 쉽다.

관찰을 좋아하며 지식에 대한 탐구심이 강한 관찰자

1) 자주 받는 스트레스

- 전문성을 위협받을 때 스트레스를 받는다

이 유형은 자신이 능력이 없고 조직에서 쓸모가 없어질지 모른다는 두려움을 무의식적으로 많이 갖고 있기 때문에 자신이 어떻게든 조직에서 유용한 인물이 되기 위해 전문성을 가지려고 노력한다.

조직에서 남들과 경쟁해서 이기려는 마음보다 자신만이 잘할 수 있는 전문적인 능력을 갖추고자 하는 것이 이 유형의 진정한 욕구다. 그렇기 때문에 이들은 남들이 하지 않는 특수한 분야를 선호한다. 이 전문성에 대한 욕구 때문에 끊임없이 공부하고 배우려는 마음과 지적인 욕구가 강하다. 하지만 자신이 못한다거나 그 분야에 대해 상사나 동료에게서 잘못되었다는 피드백을 받을 때 매우 예민해진다.

또한 이 유형은 내면적으로 자신감이 부족하다. 그들의 자신감의 뿌리는 전문성이다. 이것이 위협받을 때 그들은 생존에 대한 걱정과 자신의 가치에 대한 위기감을 느끼며 스트레스를 많이 받는다.

- 개인적인 공간을 침범 받을 때 스트레스를 받는다

이 유형은 혼자 있는 것을 좋아하며 일을 할 때 타인의 간섭을 받는 것을 싫어하기 때문에 타인이 자신의 공간을 침범하거나 영향력을 행사하는 것을 좋아하지 않는다. 그래서 인간관계에서 다소 방어적이다. 새로운 사람을 받아들이는 데 시간이 많이 걸리며 새로운 관계에 대해 긴장을 많이 한다. 따라서 너무 적극적이고 사교적이고 개방적인 업무 환경이나 인간관계에서 스트레스를 받는다.

만약 누군가 사전에 연락하지 않거나 동의를 구하지 않고 자신의 사적인 공간에 침범하거나 자신의 시간이 너무 많이 뺏긴다고 생각할 때 스트레스를 많이 받는다. 특히 시간과 공간을 자신의 통제하에 두고 싶어하는 성향이 매우 강하며 사적이고 내

향적이다. 따라서 친밀함을 느끼기 위해서 빨리 접근하면 할수록 남과 거리를 두고 남을 의심하는 경향이 있다.

2) 스트레스를 줄이는 방법

• 행동으로 자신감을 회복하라

이 유형은 문제가 생기면 그것을 분석하고 해결하기 위해 생각을 많이 하지만 결과적으로 고민만 더 많이 생기고 문제를 해결하지 못한다.

어떤 문제든 지나치게 생각하면 부정적인 경향이 더 많이 보이고 불안 요소도 많아진다. 오히려 많은 문제를 앉아서 고민하기보다 행동으로 옮길 때 쉽게 풀린다. 그러나 행동으로 옮기는 것을 주저한다. 따라서 실행력을 올리기 위해서는 평상시 운동을 통해서 몸을 많이 움직이는 습관을 가져야 한다. 모든 활동 에너지와 실천의 힘은 몸에서 나오기 때문이다.

이 유형은 자신이 많이 고민하는 가장 큰 이유가 실천할 자신감이 없는 것이 문제라는 것을 알아차려야 한다. 불확실하고 정리가 되지 않더라도 실천을 하면서 많은 문제가 오히려 정리도 잘되고 쉽게 풀리는 경우가 많다. 자신감은 행동을 통해서 작은 것이라도 결과를 얻을 때 더 많이 생긴다. 고민을 아무리 많이 해도 자신감은 생기지 않는다는 것을 인식할 필요가 있다.

- 사람들과 협조하라

 혼자 있는 것이 편하지만 사람들과 조화롭게 지내는 방법을 터득하는 것도 인간관계에서 발생하는 스트레스를 줄이는 방법이다. 조직에서 다른 사람의 문제에 관심을 갖고 다른 사람을 지원하고 그들과 협조하라. 특히 다른 사람이 잘될 수 있도록 도와주라. 당신이 가진 통찰력은 다른 사람들에게 진정으로 필요한 것을 가장 적합한 방법으로 도와주는 데 도움이 된다.

 이 유형은 남에게 베풀수록 더 큰 기쁨과 마음의 평화를 느끼며 자신이 무능력하고 고립되었다는 생각에서 벗어날 수 있다.

 인간관계에서 어떤 불이익이나 위협을 받는다고 생각하거나 남들에게 지식이나 능력으로 압도당했을 때 좀더 다른 사람을 용서하고 그들에게 관대한 마음을 가지는 것이 필요하다.

 이 유형의 사고방식은 자신의 영역이나 관심사에 지나치게 한정되고 자신을 보호하려는 경향이 뚜렷하기 때문에 남들에게 다가서지 못한다. 타인을 지지하고 타인에게 관심을 가지는 것이 이 유형의 성장과 발전에 꼭 필요한 일이고 인간관계의 오해로 인한 스트레스도 줄어든다.

스트레스를 불러일으키는 성격적 요소

_ 무능력감, 자신감 부족, 인간관계와 커뮤니케이션 능력 부족, 폐쇄성, 에너지나 정보와 시간을 타인에게 사용하고 제공하는 데 인색하다.

이 유형은 자기 시간이 방해받을 때, 자신의 전문성이 인정받지 못할 때, 자신이 노출되고 사적이고 개인적인 시간과 공간이 없을 때, 자신이 상황을 통제하고 예측하지 못할 때 스트레스를 받는다.

극히 폐쇄적인 경향이 있기 때문에 남들이 자신에 대해서 이야기하거나 비밀을 지키지 않을 때 스트레스를 받는다. 또한 남들에게 간섭받는 것을 좋아하지 않고 나름의 세상에 대한 해석과 관점을 유지하려는 고집스러운 경향이 있다.

스트레스를 받을 때의 행동

이 유형은 스트레스를 받으면 말을 하지 않고 사람을 피하며 혼자 있고 싶어한다. 머릿속으로 온갖 부정적인 미래에 대해 대비할 전략을 세운다.

자기 생각에 빠져 점점 부정적인 상상을 하게 되면 잘 움직이지도 않고 생각에 골몰하게 된다. 그리고 상상과 논리로 만든 부정적인 자신만의 세계에 빠지고 자신의 생각대로 나쁜 일이 일어날 것이라는 걱정과 두려움을 갖게 된다.

스트레스가 가중되면 두려움에 바탕을 둔 자기 확신이 확고해지고 매우 과감한 행동을 서슴지 않아 상대방을 놀라게 한다. 때로는 매우 강한 감정이 들어 있는 논조로 상대방을 설득력 있게 비난하기도 한다.

성실하며 안정을 추구하는 충직한 사람

1) 자주 받는 스트레스

• 새로운 일이나 익숙하지 않은 일에 대해 부담감을 갖는다

이 유형은 머릿속에 해야 할 일들이 너무 많이 들어 있다. 모든 일들을 실수 없이 비난 받지 않고 해야 한다고 생각한다. 그래서 새로운 일이나 익숙하지 않는 일들에 항상 부담감을 느낀다.

일단 일을 맡으면 강한 의무감을 갖고 실수하지 않고 일을 하기 위해 지나치게 에너지를 많이 쓰기 때문에 늦게까지 잔업을 많이 하고 스트레스도 많이 받는다.

자신이 져야 할 책임감이 너무 많은 일, 신속한 의사결정이 필요한 일, 상황에 따라 자주 바뀌는 일에 대해서 매우 불편해한다.

• 잘못되거나 문제가 생기지 않을까 불안해 한다

이 유형은 항상 일이 잘못되지 않을까 하는 불안감이 있다. 그래서 일을 시작할 때 문제점을 먼저 파악하고 그것에 대해 사전에 준비한다. 항상 최악을 상정하고 그 일이 일어날까봐 걱정을 많이 한다. 이 걱정은 끊임없이 마음속의 질문을 만든다. 그 질문을 자신에게도 하지만 상대방에게도 던진다. 그래서 자신은 눈치를 채지 못하지만 상대방은 질문을 많이 한다는 생각이 든다. 일어날 수 있는 나쁜 상황을 대비해서 걱정하고 준비하는 경향은 자기 자신을 피곤하게 만들고 새로 시작하는 일에 '안 되면 어떡하지?'와 같은 부정적인 질문을 많이 하게 한다.

• 타인을 신뢰하지 않는다

직장 생활에서나 쇼핑을 할 때나 타인을 정말 믿을 수 있는지, 거짓말을 하는지 신뢰와 의심 사이에 갈등을 많이 한다. 가능하면 확실한 것을 믿고 싶기 때문에 대화를 할 때 항상 상대방의 진실된 의도를 파악하려 하고 잘난 체 하는 사람을 경계한다.

혹시 이용당하지 않을까 하는 두려움과 타인이 지나치게 자신에게 부담을 줄지 의심을 하며 마음속에는 경계를 늦추지 않는다. 한편으로는 갈등 없는 안전한 인간관계를 원하기 때문에 적절한 관계 유지와 성실한 모습을 보여주기 위해 에너지를 많이 쏟는다.

누구를 믿을까 진정한 신뢰의 문제가 이들에게는 중요한 문제이나 그런 점을 밖으로 드러내고 표현하지 않는다.

2) 스트레스를 줄이는 방법

- 긍정적인 태도를 가져라

자신을 지금까지 괴롭힌 불안한 일들이 실제로 지금까지 일어나지 않은 사실에 주목하라. 문제를 미리 알면 잘 대처할 수 있고 위험을 줄일 수 있지만, 인생의 많은 시간을 위험을 준비하고 대비하는 일에 사용할 필요는 없다.

새로운 일이나 사람을 대할 때 머릿속에 여러 가지 문제점이나 부정적인 측면이 항상 먼저 떠오르는 것은 불안심리 때문이다. 불안하면 할수록 프로젝트나 상대방의 부정적인 측면이 더 강화될 것이다. 이런 걱정이 생길 때 호흡을 가다듬으면서 긍정적인 측면을 의도적으로 생각하며 여유 있게 바라보면 좀더 균형적인 시각을 가지게 되고 효과적인 문제해결 방법도 더 많이 떠오른다. 특히 문제점을 분석하는 것도 중요하지만 새로운 일을 통해 얻을 수 있는 희망적인 측면에 초점을 맞추는 것이 도움이 될 수 있다.

• 자신과 타인을 신뢰하라

이 유형은 새로운 환경에서 일을 시작하거나 새로운 사람과 일을 할 때 확실한 것을 선호한다. 확실함을 얻기 위해 질문을 통해 떠보는 말과 행동을 한다. 과연 믿을 수 있는 존재인지 확인해보고 안심하고 싶기 때문이다. 그리고 일이 제대로 잘되고 있는지 항상 반대 방향으로 생각해보고 확인하고 싶어한다.

자신이 찾는 증거는 어디에서나 나올 수 있다. 그 확인 작업은 안심보다 불안을 증가시킨다. 그리고 이런 과정에서 상대방이 의심하는 사실을 눈치 챌 경우 친밀했던 관계가 불안해지고 그로 인해 내면적으로 불안이 더욱 증가된다.

사람에 대한 테스트는 때로는 심리적 안정을 주기도 하지만 상대방을 기분 나쁘게 할 수 있다. 테스트는 하는 사람이나 받는 사람이나 모두 불안하다. 불안할수록 셰익스피어 소설의 오셀로처럼 의심이 증가한다.

정말 불안하다면 의심의 증거를 찾기보다 당신의 마음속의 소리를 들어라. 누가 가장 신뢰할 수 있고 자신을 지지하고 도움을 주는지 깨달을 수 있을 것이다. 불안할 때 타인의 평가나 소문들은 나를 더 혼란스럽게 할 뿐이다.

스트레스를 불러일으키는 성격적 요소

_ 충실함, 의심, 불안, 완벽성, 실수에 대한 두려움

이 유형은 정당성을 매우 중요시한다. 상대방이 정당한 위치에서 정당한 방법으로 지시를 할 때 수용하며, 지시를 내리는 사람이 문제가 있다고 생각하면 온전히 그 지시를 잘 수용하지 못한다. 또한 권위적인 사람들을 따르면서도 저항을 하는 권위에 대한 이중성을 갖고 있다. 그들은 항상 자신이 부당한 대우를 받는지 이용당하고 있는지 전전긍긍하며 명확한 지침이 없는 모호한 업무 지시나 상황에 처할 때 많은 스트레스를 받는다. 또한 그들은 자신이 하는 일이 실수가 있거나 비난을 받을까봐 매우 두려워한다.

스트레스를 받을 때의 행동

이 유형은 스트레스를 받으면 일단 거리를 유지한다. 그리고 상황을 분석하고 싶어한다. 그리고 여러 가지 대안을 생각한다. 그들은 스트레스를 받으면 가능하면 참고 기다리며 먼저 문제를 적극적으로 해결하려고 하지 않는다. 스트레스를 받으면 의심과 불안이 증가하면서 여러 가지 생각을 하나 행동으로 옮기는 것은 미룬다.

특히 대인관계에서 갈등이 생길 때 상대방에게 먼저 다가서거나 해결을 시도하지 않는다. 그러나 시간이 지났다고 해서 그 일을 잊는 것은 절대 아니다. 마음속 깊이 아주 오랫동안 되새김질을 한다. 때로는 화가 나면 바로 표현하고 공격적인 반응을 보이기도 하지만 대개는 자신의 적대감을 드러내지 않고 감춘다. 그들은 오랫동안 스트레스를 간직하는 경향이 있다.

유형 7
가A
변화와 자유, 즐거움을 갈망하는 자유인

1) 자주 받는 스트레스

• 지루함에서 스트레스를 받는다

이 유형은 지루함을 잘 느낀다. 강의나 회의석상에서 누가 재미없는 이야기를 오래하거나 같은 이야기를 반복하면 바로 딴 생각을 하고 다른 데 관심을 둔다. 새로운 것이 없는 반복은 스트레스다.

황 대리는 졸업 후 200대 1의 경쟁을 뚫고 은행에 입사했다. 연봉도 높고 회사의 복리후생도 좋았기에 친구들이 모두 축하하고 부러워했지만 입사 6개월 만에 그만두었다. 그녀는 도저히 반복되는 은행의 창구 업무가 지겨워서 견딜 수 없었기 때문이다. 오히려 은행보다 연봉이 반도 되지 않는 잡지사에 취직했다. 새로운 아이디어를 내고 새로운 사람과 새로운 기회를 만나는 것이 자신에게 잘 맞기 때문이었다.

교육을 받거나 모임에 갈 때 항상 걱정되는 것은 지루함이다. 지루함을 못 참는 이들은 지루할 때 딴 생각을 하거나 차라리 잠을 잠으로써 그 상황을 회피하려고 한다. 그래서 그들은 회의시간에 남의 이야기를 잘 듣지 않고 많은 것을 놓친다.

- 자유를 구속하고 비판하면 스트레스를 받는다

박 대리는 상사가 자신의 옷차림을 마음에 들어 하지 않는 것을 알지만, 유행하는 짧은 치마를 입고 출근한다. 이들은 권위주의를 싫어한다. 회사가 옷이나 차림새에 대한 규정, 출퇴근, 사내예절, 규정을 엄격하게 적용한다면 매우 숨 막혀 한다.

새처럼 자유로운 영혼인 이들은 세상의 틀을 벗어나 자유롭게 날아다니고 싶어한다. 그래서 그들은 자유로운 직업인 프리랜서, 방송연예인, 모험가, 작가, 강사 같은 종류의 직업을 원한다.

그들은 다양한 선택의 자유와 틀을 깰 수 있는 자유가 없으면 남들보다 잘 못 견디고 스트레스를 받는다. 누가 자신의 자유를 제한하거나 비난할 때 그들은 바로 반격하거나 자유를 찾아 다른 곳으로 가버린다.

• 타인이 나에게 반응하지 않을 때 스트레스를 받는다

이 유형은 아이디어가 많고 그것을 잘 표현한다. 그럴 때 상대방이 반응이 없고 무관심할 때 스트레스를 받는다. 그들은 사람들에게서 관심과 흥미와 반응을 원한다. 그래서 그들은 농담을 하고 이벤트를 하고 가능하면 같은 것도 재미있게 말하려고 노력한다. 그들은 표현을 할 줄 모르는 사람을 꺼려한다. 대개 시끄럽고 말이 많을 수 있으나 상대방이 재미없어 하거나 반응이 없으면 매우 조용하게 가만히 있는다.

2) 스트레스를 줄이는 방법

• 충동적인 성향을 줄여라

이 유형은 짧은 시간에 너무 많은 것을 경험하려고 한다. 이것은 신나는 행동이기도 하고 활력을 주기도 하지만, 실제로 너무 많이 일을 벌려 놓고 마무리를 하지 못하면 다른 사람이나 자신도 스트레스를 받는다. 만약 새로운 일을 시작하려면 그 전에 신중하게 계획을 세우고 말을 먼저 앞세우기보다 어느 정도 준비해놓고 일을 하면 스트레스가 줄어들 것이다. 진정한 기쁨은 일을 시작하는 것이 아니라 마무리를 짓고 결과를 보는 데 있다.

- 평범한 것에서 즐거움을 찾아라

새로운 것과 자극적인 것은 일시적으로 기분을 좋게 하지만, 진정으로 오랫동안 행복을 주지 못한다. 행복은 차분하게 자신이 가진 것을 소중히 여길 때, 정서적으로 안정이 되어 있을 때 찾아온다. 너무 재미있고자 하는 욕망, 다른 사람을 재미있고 활기차게 하려는 욕망에서 벗어나서 조용히 침묵을 받아들일 줄 알 때, 다른 사람의 반응에 신경을 쓰지 않을 때 진정한 행복과 자기 만족이 생긴다.

스트레스를 불러일으키는 성격적 요소

_ 조급함, 지나친 계획, 욕심, 지루함, 상대방의 무관심

이 유형은 같은 일을 반복해야 할 때, 새로운 일이 없는 지루한 상태에서 스트레스를 받는다. 활력이 넘치고 재미있는 일로 가득 채우고 싶은 이들에게는 축 처지고 가라앉은 분위기는 스트레스를 준다. 그래서 이들은 항상 머릿속에 여러 가지 아이디어들로 가득 차 있고 남들이 자신의 아이디어에 관심을 갖고 반응하며 칭찬해주기를 원한다. 이 유형은 한 자리에 가만히 앉아 남의 이야기를 오래 듣고 수동적으로 따라야 할 때도 스트레스를 받는다. 적극적으로 참여하고 재미를 느끼지 못할 때 그들은 좌절한다.

스트레스를 받을 때의 행동

이 유형은 약한 강도의 스트레스를 받을 때 회피한다. 문제를 자세히 보기를 회피하고 다른 즐거운 상황이나 재미있는 일을 생각한다. 그래서 상대방의 이야기가 재미없으면 바로 퇴근 후 누구를 만날지 아니면 휴가 계획과 같은 재미있는 생각에 몰두하면서 남의 이야기를 듣지 않는다.

하지만 대인 관계에서 스트레스를 많이 받으면 자신을 방어하고 공격적인 자세를 취한다. 그들은 마음속으로 결론을 미리 내리고 난 뒤 상대방을 자기 논리로 몰아세우면서 공격한다. 자기를 합리화하거나 정당화하는 능력이 뛰어나며 상대방에게 직설적으로 상처를 주는 말을 한다.

유형 8 가B 어렵고 힘든 일에 도전하는 도전인

1) 자주 받는 스트레스

• 내 뜻대로 되지 않는다

도전주의자들은 자신의 생각을 바로 행동으로 옮기고자 하는 사람이다. 그들은 자신의 의지대로 되지 않을 때 타인을 설득하고 위협해서 어떻게든 목적을 달성하려고 한다.

김 부장은 자신의 의견에 반대하거나 자신의 지시에 따르지 않으면 바로 화를 낸다. 가정에서도 마찬가지다. 그의 말은 이유 없이 따라야 할 법과 같다. 직원들은 부장의 성격을 잘 알기 때문에 다른 사람의 지시보다 잘 따른다. 그리고 가능한 한 충돌을 하지 않으려 한다. 그러나 부장은 직원들이 지시에 잘 따르지 않는다고 불만이다. 이것은 김 부장이 도전주의 성격으로 남보다 지나치게 지배하고 통제하고자 하는 욕구가 강하기 때문이다.

일을 하다 보면 가끔 보고를 누락하기도 하고 지시를 잊어버리기도 하고 지시대로 시행을 못하게 되는 경우가 생긴다. 그러나 김 부장은 그런 것을 쉽게 넘어가지 않는다. 지나치게 타인을 통제하려고 하는 욕망 때문이다. 이것은 다른 사람에게 스트레스를 주기도 하지만 자신에게도 큰 스트레스로 작용한다.

• 거절당해서는 안 된다

도전주의자들은 안 된다는 말을 너무 싫어한다. '세상에 안 되는 것이 뭐가 있어?' 이것이 도전주의자들의 생각이다. 그들은 누가 안 된다는 말을 하거나 반대하거나 거절할 때 그것을 어떻게든 극복하려고 한다. 이 과정에서 그들은 화를 내고 지나치게 에너지를 소모한다.

박 부장은 자신의 고등학교 후배에게 간단한 부탁을 했는데 후배가 원칙을 내세우며 거절하자 바로 화를 내고 다시는 후배를 보지 않기로 결심했다.

도전주의자들은 더 좋은 타협점을 찾으려고 하지 않는다. 그들은 '모 아니면 도'로 간다. 이런 거절과 거부에 대한 스트레스는 진실된 대화와 부탁을 하기보다는 위협을 하고, 돈이나 권력을 사용해서 상대방이 거절하지 못하게 하는 방법으로 문제를 해결하게끔 만든다. 그들은 거절을 당하지 않기 위해서 파벌을 만들고 권력과 힘을 이용한다. 아무도 나를 거절하지 못하겠다는 태도는 도전주의자에게 스트레스로 작용한다.

2) 스트레스를 줄이는 방법

- 상대방에게 양보하라

도전주의자에게 '안 되는 것이 없다. 그리고 싸워서 이겨야 한다'는 마음이 있다. 양보하고 진다면 자신의 진정한 힘을 잃어버린다고 생각한다.

하지만 열 번 중에 두세 번은 양보할 줄 알 때 사람들과의 관계도 좋아지며 더 많은 존경을 받을 수 있다. 또한 꼭 이겨야 한다는 심리적 부담감에서도 벗어날 수 있다. 안 되는 것을 되게 만드는 것은 매우 뛰어난 능력임이 틀림없지만 그렇게 하기 위해서는 너무 많은 에너지를 소모해야 하고 정신과 신체적으로 무리가 따르며 갈등도 많이 생긴다.

인생을 적극적이고 도전적으로 살고 많은 것을 성취하는 것이 매우 바람하지만, 그런 특성이 누구보다도 강하기에 좀 마음은 누그려뜨려 양보할 수 있다면 강한 통제 욕구로 인한 스트레스가 많이 줄어들 것이다.

• 더 큰 상위의 목표를 추구하라

도전주의자들은 자아가 매우 강하다. 내 편과 남의 편을 명확히 구분하며 내 생각, 내 경험, 내 의견이 매우 뚜렷하다. 이것은 좋은 점이기도 하지만 상대편에게는 매우 부담이 된다. 그리고 자신과 타인의 경계선을 명확하게 하면 적이 많이 생길 수 있고 보이지 않는 갈등이 생긴다.

도전주의자들은 우리 편에게는 관대하지만 다른 편에게는 매우 위협적일 수 있다. 적과 계속 전투를 한다는 것은 새로운 에너지를 얻기도 하지만 매우 피곤한 일이다.

더 큰 목표를 생각하고 적도 우리 편이라고 생각하면 스트레스가 줄어든다. 자신의 부서를 생각하지 않고 회사 전체를 생각하고 가족만을 생각하지 않고 공동체를 생각할 때 도전주의자들은 포용력이 높아지고 매우 관대해진다.

가족을 보호하고 소속집단에 대한 이익과 의리를 벗어나 더 큰 목표와 의미를 발견할 때 스트레스도 덜 받고 마음에 평화도 찾아온다.

스트레스를 불러일으키는 성격적 요소

_ 강렬한 통제 욕망, 분노, 배신감

이 유형은 자신의 뜻대로 되지 않을 때 그리고 상대방이 솔직하지 않을 때, 자신의 의견에 반대하거나 도전 받을 때 스트레스를 받는다.

특히 자신의 영향력이 미치지 못하고 무기력감을 느낄 때 스트레스를 받는다.

또한 문제가 생기면 그 문제에 정면 대결해서 해결하기를 원한다. 뒷말을 하거나 문제가 있는데 그냥 덮어두고 모르는 체하는 사람을 책임감 없다고 생각하며 분노한다.

스트레스를 받을 때의 행동

이 유형은 분노를 감추지 않고 폭발시킨다. 매우 거칠어지고 호전적이 되면서 정면대결을 원한다. 그러나 이런 분노를 표현하고 난 뒤 미안함을 느끼면서 관계가 호전되는 경우도 있다.

그렇지만 스트레스가 가중될 때 무기력감을 느끼고 영향력을 행사할 수 없다고 생각하면 모든 관계를 단절한다. 아무런 말과 행동도 하지 않지만 감정의 골은 매우 깊어진다. 상대방과 관계를 완전히 청산하고 원수로 생각한다.

유형 9 다A 갈등을 회피하고 편안함을 추구하는 평화주의자

1) 자주 받는 스트레스

• 중요한 사람으로 생각되지 않을 때 스트레스를 받는다

평화주의자들은 자신을 스스로 중요한 인물이라 생각하지 않는다. 그리고 항상 상대방이 무엇을 요구하는지 잘 보이기 때문에 많은 경우 잘 나서지 않고 상대방에게 양보를 한다.

원하는 것이 있어도 "뭐 그렇게까지 내 주장을 해야 하나" "다른 사람이 불편하지 않을까?" "굳이 그렇게까지 할 필요가 있을까?" 하는 생각이 들면 포기하거나 의사표현을 하지 않는다. 이렇게 양보하고 자기주장을 하지 않으면 자꾸 불필요한 일을 시키고 요구하는 것들이 늘어난다.

자신에게 동의를 구하지도 않고 의사결정을 해서 일방적으로 통보하거나 일을 해줘도 고마워하지 않고 당연하게 여길 때 평화주의자의 내면은 스트레스가 차곡차곡 쌓여간다. 화를 내거나 싫은 내색을 하지 않기 때문에 주변 사람들은 눈치를 채지 못하지만 마음속으로 상대방에게 거리감을 두고 멀어지게 된다.

- 남에게 간섭을 받을 때 스트레스를 받는다

평화주의자들은 잘 협조하고 사람들과 잘 지내고 남의 이야기를 잘 들어주지만, 내면에는 자기 주관이 뚜렷해 자신이 정말 싫어하는 일은 잘 하지 않고 쉽게 설득 당하거나 변하는 사람은 아니다.

많은 사람들이 평화주의자의 부드러운 면을 보고 접근이 쉽고 편해 평화주의자들을 자신의 의도대로 바꾸려고 하지만 쉽게 바뀌는 사람이 아니다. 사실 평화주의자들은 남들이 이래라 저래라 간섭하고 지시하는 것을 좋아하지 않고 마음속으로 그런 참견과 간섭에 강한 저항을 하는 사람이다.

겉으로는 고개를 끄떡이고 불편한 내색을 하지 않지만, 그런 간섭과 참견에 스트레스를 받는다. 그렇지만 그들은 자신을 불편하게 하는 사람들과 정면충돌을 하거나 자신의 요구를 강하게 드러내지 않는다.

그들은 적대적인 사람이나 무례한 사람들과 마음속으로 거리를 둘 뿐 겉으로 화를 내지 못하기 때문에 시간이 지나면 매우 화나고 스트레스를 받는다.

2) 스트레스를 줄이는 방법

• 자신이 불편한 것을 말로 구체적으로 알린다

이 유형은 모든 스트레스나 갈등이 되는 문제점을 참아내는 경향이 강하다. 잘 참기도 하고 '말해봤자 무슨 소용이 있겠나?' 하는 생각에 갈등을 피하고 두렵기도 하기 때문에 그냥 속으로 삭인다. 그렇지만 갈등을 회피하는 것은 문제를 눈덩이처럼 가중시키고 결국에는 스스로 폭발하게 만들거나 누군가 조직을 떠나게 만들 뿐이다.

구체적으로 불편한 것을 말로 표현하는 습관을 기르는 것이 매우 중요하다. 공식적인 대화보다 친근감을 느끼며 편안하게 대화하는 것을 매우 좋아하고 즐긴다. 친근한 대화를 하면서 스트레스를 주는 당사자가 있다면 그에게 자신이 원하는 것을 이야기해야 한다.

예를 들어 상사가 상의를 하지 않고 부탁만 할 때, "나는 무시받는 느낌입니다. 나를 좀 중요하게 대해주었으면 좋겠습니다"라고 말하기보다 "회의 결과만 통보 받기보다 회사의 의사결정

회의에 참여하고 싶고 관련된 정보도 미리 받아보고 싶습니다"라고 말해야 한다. 또한 "저는 명령조로 지시 받는 것이 싫습니다"라고 말하기보다 "나는 좀더 부드럽게 협조를 요청 받을 때 동기유발이 잘 됩니다"라는 말을 구체적으로 하는 것이 좋다.

- 육체와 감정에 대해 더 잘 알 수 있도록 자주 운동하라

평화주의자들은 자신의 감정과 몸에 대해서 무관심한 편이다. 그리고 정확하게 자신의 감정을 느끼려고 하지 않는다. 특히 분노의 감정과 실망의 감정을 무시하고 느끼려고 하지 않는다. 자신의 감정을 정확하게 인식하는 것은 스트레스 대처에 매우 중요한 부분이다. 이런 감정을 자주 인식하기 위해서는 자신의 감정을 정확하게 혼잣말이라도 스스로 표현하는 것이 필요하다.

감정은 몸과도 매우 밀접하게 연결되어 있다. 평화주의자들은 자신의 몸 상태를 잘 느끼지 못하고 잘 움직이지 않는다. 몸을 자주 움직이고 몸 상태에 대한 자각을 할수록 더 많이 이완되고 자신감도 증가하게 된다.

억눌린 감정과 몸에 대한 무관심이 축적되면 육체적 장애를 일으켜 갑작스럽게 울고 싶거나 화가 나거나 편두통이 생긴다. 따라서 평화주의자들은 자주 운동을 하고 감정을 정기적으로 토로하는 것이 스트레스 대처에 도움이 된다.

스트레스를 불러일으키는 성격적 요소

_ 미루기, 자신의 생각을 분명하게 말하지 않는 것, 참는 것

이 유형은 다른 사람과 편안한 관계를 원한다. 그러나 사람들이 자신을 만만하게 보고 무시한다는 느낌, 이용 당한다는 기분을 느낄 때 스트레스를 받는다. 그러나 갈등의 대상과 직면하거나 맞서야 할 때 더욱 스트레스를 받는다.

이 유형은 마음의 안정을 원하기 때문에 갑작스런 새로운 변화를 겪어야 할 때 스트레스를 많이 받는다. 특히 변화가 일어날 때 도움을 받을 수 없다고 느낄 때 스트레스가 가중된다.

스트레스를 받을 때의 행동

이 유형은 스트레스를 받더라도 꾹 참는다. 자신의 감정을 잘 표현하지 않기 때문에 주변 사람들은 스트레스를 받고 있다는 것을 잘 모른다. 그러나 내면의 스트레스가 계속 증가하면 의욕을 잃으면서 무기력감을 느끼고 서서히 상대방이 눈치 채지 않게 관계를 마음속으로 정리한다.

내면의 분노를 무시하지만 서서히 타오르며 그것이 쌓이면 불같이 화를 낼 수 있다. 그러나 이런 상태까지 대개 잘 가지 않는다. 대부분 자신이 화가 나는 이유도 모르고 화가 난 상황도 잘 알아차리지 못하고 참는 경우가 많다.

Good Bye, Stress

CHAPTER 08

스트레스와 습관

감정의 많은 부분이 시간에 대한 가치관과 연결되어 있다. 연인이나 부부가 시간약속 때문에 다투는 것을 보았을 것이다. 10분 늦게 도착한 남성이 '앞으로 1시간은 더 같이 보낼 수 있는데, 고작 10분 갖고 왜 그렇게 이해심이 적어?'라고 생각할 수 있지만, 여성은 '나를 무시했다' '나를 중요하게 생각하지 않는다'고 생각하기 때문에 화를 내는 것이다.

시간은 가치관과
연결되어 있다

   김 대리는 아침에 힘들게 일어나서 시계를 보니 8시 30분이었다. 30분 동안 정신없이 밥을 먹는 둥 마는 둥 하며 계속 시계를 바라보았다. 오늘도 지각할 것 같은 생각이 들어서였다. 결국 회사에 도착하니, 9시 5분이었다. 상사에게 대충 인사를 하고 자리에 앉았다. 상사의 눈빛이 별로 좋아 보이지 않는다.

   '어제 늦게까지 일을 했으니까, 5분 정도쯤이야. 그리고 오늘도 야근을 한두 시간 더 해야 하잖아'라고 속으로 생각하지만, 상사의 생각은 그렇지 않은 것 같았다. '자꾸 늦는 것 보니까 회사 생활이 싫은가 보군.' '정신 상태가 틀렸어.' '내가 지난번에 지적했는데, 오늘도 또 늦었군.' '내가 어떻게 해야지 당신에게

정신적인 충격을 줄 수 있을까?'

이런 생각들을 하니 상사는 기분이 나빠졌다. 이런 감정은 업무에서 나타난다. 상사는 다른 사람에게는 관대해도 김 대리가 조금만 실수를 해도 말이 거칠어진다. 김 대리는 상사가 자신만 싫어한다고 생각한다. 상사는 김 대리가 하는 것들이 모두 곱게 보이지 않는다. 사실 5분 지각을 했지만 상사는 김 대리의 정신 상태가 틀려먹었다고 생각하기 때문이다. 김 대리는 나름으로 자신은 늦게까지 일을 하기 때문에 자신이 남들보다 일을 못한다고 생각하지 않는다. 그러나 상사가 김 대리를 싫어하는 이유는 그가 맡은 일을 하지 못해서가 아니라 그 사람에 대한 부정적인 감정 때문이다.

감정의 많은 부분이 시간에 대한 가치관과 연결되어 있다. 연인이나 부부가 시간약속 때문에 다투는 것을 보았을 것이다. 10분 늦게 도착한 남성이 '앞으로 1시간은 더 같이 보낼 수 있는데, 고작 10분 갖고 왜 그렇게 이해심이 적어?'라고 생각할 수 있지만, 여성은 '나를 무시했다' '나를 중요하게 생각하지 않는다'고 생각하기 때문에 화를 내는 것이다. 결코 10분 늦어서 같이 즐겁게 놀 수 있는 시간이 10분 줄어든다고 생각하는 게 아니다.

시간에 대한 태도는 가치관과 연결되어 있다. 직원이 지각을 하는 것은 그가 회사를 대하는 가치관과 연결되어 있다고 생각하는 사람들이 많다. 회사의 가치를 존중하고 상사의 인격을 존중하는 것은 시간을 지키는 것부터 시작된다.

　많은 직장인들이 시간을 지키지 않아서 상사나 동료들에게 눈초리를 받는 것을 목격해왔을 것이다. 첫인상을 가장 나쁘게 하는 방법이 있다면, 그것은 지각하는 것이다. 그럼 당신은 상사와 고객에게 스트레스를 받을 것이다. 왜냐하면 당신이 상대방의 인격을 무시했다고 생각하기 때문이다.

시간 약속을 지키지 않는 것은 상대방의 인격을 무시하는 행위다.

'노NO'라고 말하라

　방학을 맞이하면 지나치게 계획을 많이 세우는 아이들이 있다. 그러나 방학이 시작되고 일주일도 채 되지 않아 그 계획은 잊어버리기 일쑤다. 회사에서도 지나치게 계획을 많이 세우고 많은 일을 벌이는 사람들이 있다. 이런 사람들의 특징은 시작은 화려한데 끝마무리는 잘 되지 않는다. 즉, 용두사미龍頭蛇尾에 그치는 경우가 많다. 계획하고 시작한 일은 많은데 마무리 된 것이 없으면 자신도 스트레스 받고 시간이 지나면 상사도 못마땅하게 생각한다.
　자신이 설정한 목표가 분명하고 그 목표를 달성할 수 있을 때 성취감과 만족감도 올라간다. 삶은 대나무처럼 매듭이 있어야 한다. 목표를 계획하고 달성하고 그리고 휴식을 취하면서 다음을 준비하고 또 달성해야 할 새로운 목표를 설정하는 것이다. 이렇게 긴장과 이완이 반복되는 삶이 발전적이며 오히려 과도하거나 만성적인 스트레스도 없다.

그런데 너무 많거나 높은 목표는 자신을 지치게 한다. 해결되지 않은 과제는 내가 구체적으로 어떤 노력을 하지 않았지만, 나 자신은 그곳에 에너지를 소모하기 때문에 부담감을 갖게 된다. 다시 말해 해결되지 않은 과제에 대해 구체적인 행동 없이 생각만 해도 에너지가 소모된다. 특히 그 과제를 해야 하는데 할 수 없다는 생각은 필요 이상의 에너지를 소모시키고 스트레스를 준다.

일을 계획할 때 적정한 업무 양을 계획하고 상사에게 지시를 받을 때도 지나치게 일의 양이 많고 시간적 압박감을 받는다면, 자신의 생각을 상사에게 이야기하는 것이 좋다. 그냥 잘 보일 요량으로 무조건 할 수 있다고 한 뒤 스트레스를 받고 결과도 제대로 못 내면 지금 보다 나중에 스트레스를 더 받는다. 자신이 할 수 있는 일과 할 수 없는 일을 잘 구별하고 자신이 할 수 없는 일일 때는 '노NO'를 할 수 있는 것이 스트레스를 피할 수 있다.

자신이 할 수 있는 일과 없는 일을 구분하면 스트레스를 피할 수 있다.

스트레스 대처법

주역과 스트레스

주역에서는 일을 계획하거나 판단할 때 사람과 시간과 장소를 고려해야 한다고 가르친다.

첫째, 사람을 고려해야 한다. 그 사람이 그 일을 할 수 있는 능력과 자세와 태도가 있는지를 보아야 한다.

둘째, 일을 해야 할 시기가 적절한지를 판단해야 한다.

셋째, 일을 수행할 장소와 공간이 적절한지를 고려해야 한다.

옛말에 절에 가서 젓갈을 구하는 것은 장소를 망각하는 태도이고, 철없는 아이는 때를 구분하지 못하는 미숙함을 말하고, 안에서 새는 그릇이 밖에서 샌다는 말은 인간의 능력을 말하는 것이다.

주역에서는 현재 자신의 상태를 파악하고 때를 알고 미리 준비해야 하고 장소에 맞는 행동을 해야 스트레스를 덜 받고 행복한 삶을 누릴 수 있다는 지혜를 가르친다.

'예스Yes'와 '노No' 사이에서

　상사의 터무니없는 지시로 인해 스트레스가 만만찮다. 그냥 묵묵히 따르자니 너무 힘들고 거절하자니 감정적으로 불편하고 상사가 싫어할까봐 두렵다. 그러나 스트레스를 잘 관리하기 위해서는 터무니없는 지시에 '노No'를 해야 한다.
　자신이 하기 싫은 일을 '예스Yes'했다가 나중에 상사와 극도로 관계가 나빠지는 경우도 있고 상대방 탓을 하면서 최악의 경우에는 회사를 그만두어야 할지도 모른다. 자신이 원하지 않는 일이나 부당한 일에 대해 노를 할 때는 다음과 같은 절차를 거친다.

1) 어려운 일일 때는 바로 대답을 하지 말고 생각해보고 대답을 하겠다고 한다.

상대방도 충분히 생각할 시간을 가질 수 있다. 누구든지 바로 앞에서 자신의 의견이 무시당하거나 거절을 당하면 기분이 나쁘다. 그런 점을 감안해서 좀 생각해보고 난 뒤 대답을 주겠다고 말한다.

2) 우선순위로 이야기하라.

상대방이 시키는 일을 그 앞에서 하지 않겠다고 하면 자신이 일하기 싫은 사람이나 소극적인 사람으로 보일 수 있다. "이 프로젝트를 제가 맡으면 지금 진행되고 있는 다른 업무들을 마무리 지을 수 없을 것 같습니다. 하나라도 확실한 결과를 내는 것이 좋겠습니다"라고 말하라. 그래도 상사가 꼭 그 일을 해야 한다고 이야기하면, 업무의 우선순위를 정해달라고 말하고 다른 업무를 줄여주든지 조금 늦어지더라도 이해해달라고 말한다.

3) 자신이 걱정하는 바를 솔직히 이야기하고 지원을 요구하라.

일을 수행하는 데 걱정되는 것을 숨기지 말고 솔직히 말하라. 예를 들면 "제가 이 일을 맡으면 업무에 대한 사전 경험이 없어서 성과가 잘 나올지 걱정이 됩니다"라고 진솔되게 말하면서 일을 잘하기 위해서 어떻게 지원과 도움을 받을 수 있는지를 상사와 상의하는 태도를 갖는 것은 자신과 일을 위해서 좋다. 어려운 문제에 상사를 동참시키는 것이 나중에 성과가 나오든 나오지 않든 모두 도움이 될 수 있기 때문이다.

스트레스 대처법

거절을 하는 대화법의 4단계

1. 현재 상황의 사실적 측면을 이야기한다.
2. 그 사실에 대한 내 생각이나 감정을 이야기한다.
3. 내 의견을 제시한다.
4. 대안이나 다른 방법을 제시한다.

[사례]

사장이 김 과장에게 지시를 한다.

"분당 지역에 새로운 사무실을 분양받았으면 좋겠는데, 김 과장이 한 번 추진해봐."

"알겠습니다. 제가 검토한 후 분양 건에 대해 정리해서 말씀을 드려도 괜찮겠습니까? 내일 다시 이 건에 대해 추진방법을 말씀드리겠습니다."

"좋아, 그럼 내일 다시 이야기합시다."

다음날 김 과장이 말한다.

"사장님 분당 지역 분양 건에 대해서 알아보았는데, 평당 200만 원으로 현실적으로 좀 비싼 감이 있습니다."

"그래? 그러나 앞으로 값이 오를 수 있으니 한 번 추진해보는 것도 좋겠지."
"사장님이 소신을 갖고 말씀하시니 추진하겠습니다만, 이 일을 성공적으로 추진하는 데 앞서 현재 제가 처한 상황을 구체적으로 말씀드리겠습니다. 제가 현재 진행하고 있는 S사에 대한 제안서를 이번 달에 끝내야 하고 성사될 경우 2000만 원 이상의 순익이 기대됩니다. 제가 부동산 건을 맡으면 이 프로젝트가 소홀해질 수 있을 것 같습니다. 여기에 대한 업무 조정이 되어야 할 것 같습니다. 또한 이 일 외에 제가 현재 관리하고 있는 여러 가지 일도 맞물려 있어 사장님께서 어느 것을 더 중점적으로 추진해야 할지 우선순위를 말씀해주시면 좋겠습니다. 그리고 좋은 결과를 내기 위해서는 솔직히 부동산에 대해서는 제가 경험이 부족합니다. 저보다 경험이 많은 분이 추진하면 더 좋은 결과가 나오지 않을까 생각합니다."
"그럼, 누가 적합하다고 생각하나?"
"박 차장이 법률을 전공했고 투자에 대해 밝으니 한 번 맡겨보시면 좋을 것 같습니다. 제가 중간에 도움을 줄 수 있는 분야라면 지원을 하는 것도 좋을 것 같습니다."
"잘 알겠네. 박 차장과 한 번 의논해보겠네."

조직에서 Yes와 No 사이에서 현명한 대화법이 필요하다.

지나친 통제는
스트레스를 불러온다

김 부장은 회사에서 일어나는 모든 일을 알고 싶어한다. 사소한 것도 보고 받고 싶어하고 자신이 결정하고 싶어한다. 만약에 김 부장에게 보고하지 않거나 허락을 받지 않고 일을 한 것이 나중에 밝혀지면 작은 일이라도 난리가 난다. 가정에서도 김 부장은 시간과 에너지가 허용된다면 자녀들이 어떻게 학교생활을 하는지 세세하게 알고 싶어할 것이다.

통제에 대한 욕망이 높은 사람은 자신이 미리 알고 바로 조치하겠다는 삶의 자세를 갖고 있다. 한편으로 책임감도 강하고 노력도 많이 하는 긍정적인 측면이 있지만, 지나친 통제에 대한 욕망은 자신과 타인을 지치게 한다.

인간은 모두 독립적인 존재라 사실 남에게 통제 받기를 좋아하지 않는다. 누구나 내 마음대로 하고 싶은 욕구가 내면에 존재하기 때문이다. 자신은 매사를 제 뜻대로 하면서 상대는 조금도 자신의 자유의지대로 못하게 하는 것은 공평하지 않다. 그러나 통제욕이 강한 사람은 자신이 지위나 권위가 우위에 있기 때문에 그렇게 할 권리가 있다고 생각한다. 그러나 지나친 통제는 인간관계를 대립과 반목으로 만든다.

흐르는 물은 아무리 막아도 넘칠 수밖에 없고 오래 지나면 조그만 틈이 생긴다. 자연스럽게 자신의 의견을 피력하고 자율적으로 일을 할 수 있는 출구를 마련해주는 것이 스트레스 예방과 해소에도 도움이 된다.

부하가 자율적으로 할 수 있도록 배려해주고 가끔 보고를 하지 않고 자기 마음대로 일을 처리하더라도 작은 문제라면 넘어갈 수 있는 여유가 있어야 한다. 아주 심각해지거나 자주 그런 일이 반복되면 그때는 이런 이야기는 미리 해달라든지 아니면 사전이나 사후 보고를 원한다고 명확히 요구를 하는 것이 바람직하다. 통제 욕구가 강한 사람은 뭔가 작은 것 하나라도 부하가 자신의 통제를 벗어나는 것에 신경이 곤두서고 자신의 통제를 벗어나는 것에 지나치게 과민한 반응을 보인다.

지나친 통제에 대한 욕구는 많은 스트레스를 불러온다. 군사정부의 계엄이 선포된 상태에서도 100% 통제는 불가능했다. 다른 사람을 변화시키고 일의 결과를 결정짓는 것은 100% 나의 노력만으로 되는 것은 아니다.

자신이 통제에 대한 욕망이 아주 강한 사람이라면 30%는 다른 사람이 결정하게 하고 30%는 자신이 모르게 일이 진행될 수 있다고 생각하면 마음이 편해질 것이다. 지각을 3번 하면 1번은 봐주고 거짓말을 3번 해도 1번은 속아주고, 실수를 3번 해도 1번은 모른 척할 때 스트레스는 줄어들 것이다.

상하관계에 익숙하면, 또는 자신이 힘을 갖고 있다고 생각하면 자연스럽게 통제의 욕구도 강해진다. 이 통제의 욕구가 양날의 칼날처럼 상대방을 힘들게 하는 만큼 자신도 힘들게 하는 면이 있다. 통제에 대한 욕구도 적절할 수준을 유지하는 것이 스트레스 대처에 도움이 된다.

지나친 통제는 통제를 하는 사람도 통제를 받는 사람도 스트레스를 받는다.

일을 미룰수록
스트레스가 증가한다

　박 대리는 열심히 일하고 능력도 있지만 항상 마감 기한을 넘긴다. 그래서 결국 일을 다 끝내고도 성질이 급한 상사에게 칭찬도 받지 못하고 오히려 욕을 먹는 경우가 많다.
　많은 사람들이 일을 미루다 닥치면 그 일을 하거나 좀더 잘 하려고 시간을 끈다. 왜 사람들은 일을 미루고 닥치면 할까? 그 이유는 일이 하기 싫든지, 어렵든지 아니면 자신이 없는 일일 가능성이 많다.
　누구나 하기 싫은 일을 회피하고 싶어한다. 그러나 우리 두뇌는 앞에서 말했듯이 깨끗한 시작과 깔끔한 마무리를 좋아한다. 일이 마무리 되지 않으면 그 문제가 머릿속을 맴돈다.

자동차를 공회전시키면 달리지 않아도 기름을 먹듯이 일을 실제 행동으로 옮기지 않고 고민만 하는 것도 그만큼 에너지를 낭비하고 몸과 마음을 지치게 한다. 끝내지 않은 일이 많으면 많을수록 머리가 무거운 것은 이런 이치다.

컴퓨터에 여러 가지 응용 프로그램을 열어 놓으면 컴퓨터의 속도가 느려지듯이 여러 가지 끝내지 않은 일들이 머릿속에 있는 것은 여러 가지 응용 프로그램이 동시에 열려 있는 것과 같다. 한 가지 일을 깨끗이 마무리 할 때, 우리 뇌도 그제야 활동을 중단하고 휴식을 취할 수 있다.

따라서 일을 미루는 것은 지금은 당장 편한 듯 보이지만 현재 하고 있는 일의 집중력도 조금씩 떨어져 나중에 이자까지 쳐서 몇 배의 스트레스를 받을 수 있다.

미루는 습관을 극복하는 방법으로는 4가지가 있다.

첫째, 일을 쪼개라. 너무 많은 양의 일은 시작할 엄두가 나지 않아서 미루기 쉽다. 아무리 많은 양의 일이라도 쪼갤 수 있다. 이럴 때는 쪼개어서 매일 조금씩 하는 것이다. 케이크를 조각내듯이 일을 쪼개어 놓으면 다른 사람에게 나눠주기도 쉽고 먹기도 쉽다.

둘째, 보상을 계획하라. 미룬 일을 적어놓고 그것을 해냈을 때 스스로 상을 주라. 자신이 좋아하는 음식을 먹든지, 하고 싶은 것을 할 수 있는 보상을 주라. '오늘 내가 정말 싫어하는 일을 끝냈어. 그 기념으로 영화를 보러 가는 거야.' 이런 보상을 주면 두뇌는 훈련이 되어 힘든 일과 보상을 연계시키기 때문에 심리적 저항감을 줄어들 수 있다.

셋째, 시간을 정해놓고 일하라. 가장 하기 싫은 일, 미루고 싶은 일은 시간을 정해놓고 그 시간에 몰아서 하라. 만약 글을 쓰는 것이나 문서 작성이 제일 하기 싫은 일이라면 오전 11시까지 무조건 그 일을 한다고 정해놓아라. 구속감이 효과를 줄 것이다.

넷째, '지금 바로 하자!'라는 말을 자주 한다. 무의식에 자기 암시를 주기 위해서 이 말을 반복하라. 출근할 때나, 출근해서도 계속 이 말을 외쳐보라. 생각보다 '바로 바로' 일을 실천하는 능력이 증가할 것이다. 일을 시작하고 기한 내에 맞추어 끝내는 것은 직장생활에서 가장 필요한 스트레스 대처법의 하나다.

마감 기한 안에 일을 끝내려고 노력하라.

Good Bye, Stress

CHAPTER 09

성공하는 직장인의 스트레스 대처법

상사와 다툼이 있거나 고객과 갈등이 있으면 먼 산이나 하늘을 바라보면서 나의 미래는 정말 괜찮아질 것이라고 생각해보라. 오늘은 너무나 많은 문제가 있지만 결국 지나고 나면 다 괜찮아질 것이다. 모든 것이 잘 끝난 다음 날 아침 그리고 다음 주 아침을 생각하라. 하루하루 생활 중에 자신의 목표가 달성된 먼 미래를 자주 생각하는 습관을 가지면, 좀더 긍정적이 될 수 있고 스트레스에도 덜 민감해질 수 있다.

스트레스를 이길 수 있는
3가지 습관

　스트레스를 받을 때 어떤 특정행동을 자동적으로 반복하는 경우를 볼 수 있다. 연필을 계속 문다든지 같은 글자를 반복해서 쓴다든지 다리를 떤다든지 어떤 행동을 습관적으로 반복한다. 심리적으로 불안을 느낄 때 어떤 특정 행동을 반복함으로써 긴장을 풀기 위한 행동으로 볼 수 있다.
　동일 행동을 반복한다는 것은 심리적 긴장을 낮출 수 있다. 긴장을 할 때 연필을 무는 행동이나 담배에 바로 손이 가는 행동은 일시적 긴장을 줄일 수 있지만, 결코 문제를 근본적으로 해결해 줄 수 없고 효과도 미미하다.
　많은 사람들이 스트레스를 받았을 때 매일 반복하는 행동들이 있다. 야구선수가 껌을 씹든지, 권투 선수가 시합 전에 몸을 치듯이 스트레스를 받을 때 하는 좋은 반복행동들을 의식儀式과 같이 순서대로 하면 스트레스를 잘 견뎌낼 수 있다.

스트레스를 받은 후 바로 할 수 있는 반복행동과 습관 중 4가지 행동을 추천한다. 물 마시기, 심호흡하기, 잠시 스트레스 장소를 피해 도망가기이다. 이것을 제사의식祭祀儀式처럼 스트레스가 예측되는 상황이나 스트레스를 받은 후에 반복하면 효과를 볼 수 있다.

첫 번째는 물을 마시기이다. 상사와 말다툼을 했거나 고객과 언쟁을 했다면 가장 먼저 해야 할 일은 시원한 물을 한 잔 마시는 습관을 가지는 것이 좋다. 물을 마시면 심리적으로 진정이 될 뿐 아니라 호흡을 조절하고 긴장을 늦추는 데 도움을 준다.

스트레스를 받으면 혈액의 흐름이 빨라지고 스트레스 관련 호르몬의 생성으로 인해 수분의 소모가 많기 때문에 목이 바짝 마른 느낌을 받을 것이다. 나무에 물이 흐르면 여유가 있는 것처럼 몸에 물을 제공함으로써 신체와 정신에 여유를 줄 수 있다.

고객과 중요한 대화를 할 때 손님에게도 물을 권하고 자신도 충분히 물을 마시면서 대화를 하는 것이 좋다. 또한 중요한 전화를 하거나 전화를 하기 전에 물을 한 잔 옆에 두고 마시면서 대화를 하면 이야기가 잘 풀릴 것이다. 스트레스를 받았을 때 연필을 굴리듯이 습관적으로 물을 마시는 버릇을 들여라.

두 번째는 심호흡하는 습관이다. 스트레스를 받으면 호흡이 빨라진다. 아주 흥분했을 때 말이 빨라지거나 숨이 거칠어지는 경험을 했을 것이다. 수련을 오래 한 사람이나 덕德이 높은 사람을 만나면 편안한 느낌을 갖는데 그것은 호흡이 안정되어 있기 때문이다. 아이들이 불안할 때도 엄마의 숨소리를 들으면서 편안함을 느끼는 것은 호흡이 심리적 안정에 얼마나 중요한지를 보여주는 예이다.

사람들과 대화를 할 때도 상대방의 호흡이 편안하면 나도 마음이 편해지는 경우가 많다. 상사나 고객과 안 좋은 일이 있거나 중요한 이야기를 할 때는 호흡을 길게 하고 난 뒤, 이야기하는 것이 좋다. 그리고 대화 중에도 자신의 호흡이 너무 빠르지는 않은지 점검할 필요가 있다.

너무 서두르거나 조급해 보이는 사람에게 "숨 좀 돌리시죠" 하듯이 자신의 삶에서도 가끔 호흡을 통해서 숨을 돌릴 수 있는 여유를 가져야 한다. 짧은 호흡이나 다급한 호흡은 에너지 소모를 촉진시키고 쉽게 지치게 만들고 마음의 여유가 없어지게 한다. 불안할 때 다리를 떨거나 눈을 깜빡이거나 손을 만지작거리는 버릇 대신 심호흡하기를 생활화함으로써 여유를 가질 수 있다.

세 번째는 잠시 장소를 피해 도망가기이다. 직장에서 스트레스를 받았다면 가능하다면 잠시 자리에서 일어나 쉴 곳을 찾는 것이 좋다. 휴게실에 앉아 있거나 만약 회사에 휴게실이 없다면 은행이나 커피숍이나 기타 밖에 나가 쉴 곳을 찾아라. 푹신한 쇼파처럼 될 수 있으면 편안하게 쉴 장소를 찾아 눈을 감고 심호흡을 하면 마음이 진정된다. 그런 곳이 없다면 편하게 걷는 것도 도움이 된다.

장소와 사람은 하나의 에너지 장을 형성하기 때문에 같은 장소에서는 같은 주파수의 에너지가 흐른다. 상사가 사무실에서 화를 내면 그 장소는 부정적인 감정과 불안의 에너지가 흐른다. 부정적이고 전투적인 에너지가 가득 찬 장소를 벗어나면 마음이 차분해지고 다른 시각에서 사물을 볼 수 있다.

꼭 스트레스 대처뿐만 아니라 새로운 발상이나 아이디어도 현재의 장소에서 다른 장소로 갈 때 많이 생기는 것은 장소나 공간이 대뇌나 신체의 활동에 많은 영향을 주기 때문이다. 실제 사람들이 장소에 따라 눈의 활동이 달라지고 그에 따라 두뇌의 노동력이 달라진다는 연구가 있다.

스트레스로 인해 자리를 잠시 피할 때 자신이 아주 좋아하고 편안한 도피처를 만들어놓는 것이 좋다. 스트레스를 받으면 항상 찾아갈 수 있는 곳을 만들어보라. 사무실에서는 다소 어렵겠지만 찾아보면 건물 옥상이나 회사 근처 찻집, 작은 공원 등 10분에서 20분 정도 쉴 수 있는 곳을 찾을 수 있을 것이다. 그곳에서 몸과 마음을 쉬면서 자신을 진정시킬 수 있다면 다음에 그곳을 방문해도 자동적으로 몸과 마음이 편안해지고 스트레스도 풀릴 것이다. 익숙한 곳에서 몸과 마음은 편안함을 느낀다.

퇴근할 때도 스트레스를 많이 받았다면 편안하게 쉬면서 생각을 정리할 수 있는 커피숍이나 혼자서라도 편안하게 마실 수 있는 술집 같은 곳을 마련해두고 퇴근 전에 잠시 들러서 몸과 마음을 쉬게 하는 것도 좋다.

스트레스에서 벗어날 수 있는 가장 좋은 곳은 자연이다. 집 근처에 공원이나 산책로가 있다면 저녁 식사를 하고 산책을 하면 가장 좋을 것이다. 자연은 치유능력이 있고 맑은 공기는 긴장을 완화시킬 것이다. 그리고 산책은 호흡을 일정하게 한다. 스트레스를 받으면 도망가고 싶은 마음이 생긴다. 따라서 편안하게 쉴 수 있는 곳을 미리 마련해둔다면 마음이 한층 더 편안해질 것이다.

스트레스를 받으면 일관되게 하는 행동은 습관이 된다.

물의 효능

물은 유연함의 상징이다. 변화를 수용하고 자유롭고 또한 다른 것들을 옮겨주는 역할을 한다. 스트레스를 받으면 모든 것이 딱딱해진다. 몸과 마음도 딱딱해진다. 눈도 피부도 건조해진다. 비가 대지를 촉촉하게 적시고 여유를 주듯이 물은 경직된 몸에 여유를 준다.

구체적인 기능을 살펴보면 다음과 같다.

첫째, 물은 위장에서 천연 윤활유 기능을 해서 음식이 원활하게 미끄러져 들어갈 수 있도록 도와준다.

둘째, 물을 한 잔 마시면 입 냄새가 없어진다.

셋째, 피부와 근육에도 충분한 물이 제공되면 윤택한 피부를 가질 수 있다.

원활한 몸을 유지하기 위해서는 하루 약 2ℓ의 물을 마셔야 한다. 우리 몸은 물이 필요해도 갈증을 느끼지 못한다. 따라서 갈증을 느끼지 않아도 수시로 물을 먹어야 한다.

하루를 행복으로 마무리하라

　대니얼 카너먼Daniel Kahneman이라는 심리학자는 과거의 경험을 기억하는 것은 전적으로 두 가지에 의해서 결정된다는 사실을 밝혔다. 하나는 그 경험이 최고치에 도달했을 때의 경험이고 하나는 그 경험이 끝났을 때 받는 느낌이다.
　예를 들어 여행이 매우 힘들었어도 아주 좋은 경험 한두 가지가 있고 여행의 끝이 아주 상큼하게 끝났다면 사람들은 그 여행을 매우 즐거웠다고 생각한다. 반대로 여행 내내 재미있었지만 끝이 힘들고 모든 것이 제대로 되지 않았다면 사람들은 그 여행을 불쾌하다고 생각한다는 것이다.
　또한 사람들에게 헤드폰을 끼게 한 후 두 번의 불쾌한 소음을 들려주는 실험을 했다. 다른 집단보다 불쾌한 소음을 들려준 집단에게 끝에만 살짝 소음을 줄여주었더니 더 긍정적인 평가가 나왔다. 이것은 우리의 뇌가 끝을 더 잘 기억한다는 것을 의미한다. 회사를 옮길 때도 그 직원이 끝마무리를 어떻게 하는지에 따라 그 사람의 평판이 달라진다는 것을 이미 경험했을 것이다.

바둑에도 끝내기가 있듯이 일에도 끝내기가 있다. 하루를 어떻게 끝내는지에 따라 스트레스를 많이 줄일 수 있다. 하루를 너무 바쁘게 보내다 보면 책상이 지저분해진다. 퇴근할 때 책상을 정리하면 마음이 정리되고 내일 일을 편하게 시작을 할 수 있다. 마찬가지로 하루가 끝날 때 마음을 정리하듯이 책상을 정리하는 것이 필요하다.

오늘 일어난 일을 하나하나 생각해보고 가능하면 아주 좋았던 일 3가지를 적어보라. 오늘 하루가 왜 좋았는지를 적어보면 기분이 좋아진다. 작은 것이지만 점심을 잘 먹은 것도 좋았고 고객이 나보고 친절하다고 말하며 감사를 표시한 것도 기분이 좋았고 모두 함께 모여서 홍보용 봉투를 붙인 것도 기분이 좋을 수 있다. 끝을 가능하면 행복으로 마무리하라. 물론 기분 나쁜 일도 있고 해결되지 않은 일도 생각이 나겠지만, 마무리만은 행복으로 끝내는 것이다. 그러면 기분 좋게 퇴근할 수 있다.

어떤 상사는 퇴근하는 부하의 인사를 받아주지도 않고 시큰둥

하거나 못마땅한 표정을 짓는데, 그럴 경우 퇴근하는 부하는 하루 종일 열심히 일하고도 찜찜한 마음으로 퇴근하게 된다. 끝이 가장 강력한 기억을 남기기 때문이다. 따라서 상사는 퇴근하는 부하들에게 밝은 미소를 보내야 한다. 동료들도 퇴근할 때는 밝은 표정으로 인사를 해야 한다. 끝마무리가 스트레스의 많은 부분을 좌지우지할 수 있기 때문이다.

우리가 매번 졸업식이 기억나고 강의를 들어도 마지막이 잘 기억나듯이 우리의 두뇌도 마지막을 잘 기억한다. 하루를 행복으로 마무리하면 기분 좋게 잘 수도 있고 스트레스도 많이 해소될 것이다.

아이를 키울 때도 혼을 내주더라도 잠자리에 들기 전에 기분을 풀어주는 것이 좋다. 마찬가지로 하루가 끝날 때 자신도 기분 좋게 행복감으로 마무리하는 것이 필요하다.

아무리 힘들어도 퇴근을 할 때는 기분 좋은 상태에서 동료에게 인사하는 습관이 필요하다.

먼 곳을 바라보는
습관을 가져라

　멀리서 호수를 바라보면 아름답지만 가까이 가보면 멀리서 본 것만큼 아름답지 않은 경우가 있다. 사실 경치든 사람이든 멀리서 보면 실제보다 아름답고 좋게 보인다. 우리가 어린 시절 가진 꿈을 생각해보라. 어린 나이에 자신의 미래가 신용불량자가 되고 가난한 노동자가 될 것이라고 생각한 사람은 없을 것이다. 지금부터 10년 후의 미래를 생각해보라. 모두 괜찮은 사람이 된 자신의 모습을 머릿속에 그린다.

　그러나 시야를 좁혀 이번 주에 해야 할 일이나 오늘 내가 할 일을 생각하면 마음이 우울해진다. 구체적으로 해야 할 많은 일들이 무거운 바위처럼 몸과 마음을 짓누른다. 꽃 주위를 날아다니는 봄날의 나비도 멀리서 보면 아름답지만 돋보기로 나비를 관찰하면 매우 징그럽다는 생각이 들 것이다.

스트레스를 받으면 우리는 터널에 들어가 주변의 것이 보이지 않고 자신의 문제에만 빠지며 분석적으로 된다. 문제를 해결하기 위해서 자세히 들여다보고 부정적인 생각이 머릿속을 사로잡는다. 그렇게 되면 의욕이 떨어지고 부정적인 감정이 가득 채워진다. 이럴 때 멀리 호수의 경치를 바라보듯이 자신의 미래의 모습을 좀 멀리서 바라보는 시간이 필요하다.

우리가 지금 맡고 있는 일이 전체에서 보면 하나의 톱니바퀴일 수 있다. 전체의 측면에서 내 일을 생각하고 10년 후의 나의 모습을 생각해보면 조급한 현실에서 조금 벗어날 수 있다.

이승엽 선수가 극도의 부진으로 2군행이 결정되었을 때 비슷한 처지에서 메이저리그에서 재기를 노리는 박찬호 선수가 이승엽 선수에게 이런 말을 했다. "하루하루는 짧지만, 한 시즌은 길다." 좀 길게 보고 초초함에서 벗어나야 한다는 말이다. 스트레스를 받으면 시야가 좁아지고 초조해지고 단기적인 안목을 가지게 됨으로써 부정적인 생각에 더 빠지기 쉬우니 좀 멀리 바라보라는 충고인 것이다.

상사와 다툼이 있거나 고객과 갈등이 있으면 먼 산이나 하늘을 바라보면서 나의 미래는 정말 괜찮아질 것이라고 생각해보

라. 오늘은 너무나 많은 문제가 있지만 결국 지나고 나면 다 괜찮아질 것이다. 모든 것이 잘 끝난 다음 날 아침 그리고 다음 주 아침을 생각하라. 하루하루 생활 중에 자신의 목표가 달성된 먼 미래를 자주 생각하는 습관을 가지면, 좀더 긍정적이 될 수 있고 스트레스에도 덜 민감해질 수 있을 것이다.

조금 더 길게 조금 더 멀리 바라보는 습관은 스트레스를 이기는 힘을 준다.

힘든 일을 즐겨라

 김 부장은 회사에서 상사와의 갈등으로 인해 몸과 마음이 긴장되고 피곤하여 그것을 풀려고 술을 마셨다. 한두 잔 마시면서 아내와 이야기하다 보니 너무 많이 마신 것이다. 토요일 아침에 일어나니 마음과 몸은 무거웠다. 그런데 아내가 산에 가자고 했다. 그는 꼼짝도 하기 싫었지만 스트레스를 받으면 더욱 움직이기 싫어진다는 것을 알기에 초등학교에 다니는 딸과 같이 산에 가기로 했다.
 산에 오르면서 힘이 들었다. 딸이 힘들다고 칭얼대면서 계속 쉬어가자고 했다. 그 순간 갑자기 딸에게 업어주겠다고 말했다. 그리고 비탈진 길을 올라갔다. 처음에는 업어주는 척하다가 금

방 내려놓을 생각이었지만 어느 순간 도전의식이 생겼다. 저 능선까지 업어주겠다고 말하면서 업고 달렸다. 딸에게 말했다. "아빠는 힘든 일을 좋아해." 여러 번 그 말을 반복했다. 자신에게 최면을 걸기 위해서였다.

그는 몹시 힘들었지만 자기 자신에게 말했다. '이렇게 힘든 짐을 지고 높은 산에 올라가는 것이 인생이야. 그리고 이것을 즐겨야 해!' 하면서 마음속으로 다짐했다.

우리가 살다 보면 산에 오르듯이 힘든 길을 올라갈 때가 많다. 어려운 일이 다가오면 피하고 싶다. 그러나 용기를 내기 위해서 지금 지고 있는 짐보다 큰 짐을 지려고 하면 역설적으로 지금 지고 있는 짐이 가벼워 보인다.

스트레스를 받을 때, 어렵고 힘들 때는 오히려 새로운 도전을 할 수 있는 좋은 시기다. 새로운 도전을 통해 현재의 스트레스를 극복할 수 있고 더 나은 기회도 만들어볼 수 있다. "지금도 어려운데 더 어려운 일이 일어난다면 어떻게 되겠어!" 하는 배짱도 생긴다. 스트레스는 오히려 변화와 기회를 불러올 수 있는 에너지를 준다.

도시바도 경기 불황으로 일본에서 텔레비전이 팔리지 않았다. 회사 간부들은 일이 없어서 극도의 스트레스를 받았다. 그래서 그들이 내린 결론은 더 힘든 외국으로 텔레비전을 팔러 나가기 시작했다. 그들은 수출의 전사가 되었고, 도시바는 글로벌 기업으로 성장했다.

스트레스를 받으면 나를 위축시키고 두려움에 떨게 하고 아무 것도 할 수 없게 하지만, 또한 용기를 내서 다른 것에 도전할 수 있는 계기를 만들 수 있는 기회이기도 하다. 무엇이라도 새로운 도전을 할 기회를 찾아보라. 지금 스트레스를 받고 있다면 마라톤이나 새로운 취미나 평상시에 만나고 싶었던 사람을 만나거나 먼 곳을 여행하는 등 그동안 하지 못했던 것을 지금 시도할 수 있는 좋은 기회다.

아무리 힘든 일이라도 그것을 긍정적으로 받아들이면 오히려 그것들이 자신의 현재의 편안함을 넘어 자신을 발전시킬 수 있는 기회를 제공한다는 사실을 잊지 말아야 한다.

힘들고 어려운 때가 기회일 수 있다.

긍정적인 측면을 발견하라

　모든 일에는 빛과 어둠이 있듯이 긍정적인 측면과 부정적인 측면이 있다. 어떤 안 좋은 일에도 긍정적인 측면이 있다. 어려운 상황에서라도 가능하면 긍정적인 측면을 발견하는 연습이 필요하다.

　필자가 진행하는 워크숍에서 최근 어떤 일로 스트레스를 받게 되었는지 참가자들이 서로 이야기를 나누게 되었다. 그 중 30대의 남자 한 명이 최근에 돌잔치 준비 때문에 아내와 의견차가 있어 많이 다투었고 했다. 지금도 갈등을 겪고 있다고 말했고 참가자들은 그를 도와주기 위해 그가 받고 있는 스트레스에서 긍정적인 측면이 있는지 서로 의논하기로 했다.

"돈이 없어 돌잔치를 하고 싶어도 하지 못하는 사람이 있는데, 당신이 돌잔치를 할 수 있다는 것은 운이 좋다."

"아내와 의견 차이를 보여 정말 서로 무엇을 원하는지 알 수 있었을 것이다."

"다툼과 갈등으로 인한 고통은 돌잔치가 끝나면 사라질 것이다. 그런데 기한 없이 받는 고통도 많은데, 당신은 기한이 정해진 스트레스를 받고 있다니 참으로 다행이다."

참가자들은 이와 같은 다양한 긍정적인 측면을 제공해주었다. 이런 피드백을 받은 참가자는 자신이 생각해보지도 않은 쪽으로 시야가 넓어지면서 긍정적인 측면을 더 잘 볼 수 있게 되었다고 말했다.

당신이 긍정적으로 보려고 노력하면 당신이 생각한 것보다 긍정적인 면을 많이 발견할 수 있다. 이런 노력을 지속적으로 하면 모두 긍정주의자가 될 수 있다. 긍정주의는 경험의 긍정적인 측면을 의도적으로 보려고 노력하는 가운데 발전한다.

모든 문제에도 긍정과 부정적 측면이 있으며 부정적 측면보다 긍정적 측면을 보려고 노력해야 한다.

스트레스 대처법

수녀들의 긍정적인 언어와 장수의 관계

켄터키 대학의 심리학자 데버러 대너Deborah Dannner는 1932년에 수녀 180명이 처음 수녀 생활을 할 때 쓴 삶에 대한 진술문을 70년이 지난 1990년 초에 분석했다.

수녀들이 수녀회에 들어오기 전에 살아온 삶에 대한 진술문에 얼마나 많은 긍정적인 표현이 들어 있는지를 분석한 것이다. 그 결과 사랑, 만족, 즐거움과 같은 긍정적인 단어를 많이 사용한 상위 25%의 수녀들 가운데 90%가 85세까지 장수하고 있었지만, 긍정적인 단어를 적게 사용한 하위 25%의 수녀들은 34%만이 생존해 있었다. 이 연구는 긍정적인 언어 사용이 장수와 얼마나 깊은 상관관계가 있는지를 잘 밝혀주는 예다.

자신의 몸 상태와
주변 상황을 점검하라

스트레스를 줄이기 위해서는 2시간 단위로 일을 계획하고 2시간에 한 번씩 쉬면서 몸과 감정을 한 번 점검해볼 필요가 있다. 자신의 상태에 대해 점검하는 방법은 스스로 물어보는 것이다.

"몸은 괜찮니, 머리는 어때, 감정은 어때?"

이와 같이 혼자 물어보고 스스로 답을 해본다. 일에 몰두하다 보면 자신의 상태가 어떤지 전혀 눈치 채지 못하는 경우가 많다. 장거리 운전을 할 때도 차의 엔진과 타이어를 위해, 운전자를 위해 쉬어주는 것이 좋다. 이처럼 일을 할 때도 2시간마다 15분씩이라도 쉬면서 내가 지금까지 무엇을 했고, 무엇을 하고 있으며, 몸 상태는 괜찮은지 점검이 필요하다. 일을 할 때 생각보다 몸은 많이 긴장되어 있고 시간이 지날수록 딱딱해지므로 스트레스 해소를 위해 몸을 유연하게 할 필요가 있다. 중요한 일이나 신경이 많이 쓰이는 일을 할 때는 심장 박동도 빠르고 부담도 클 수 있다. 그런데 긴장을 해서 일하다 보면 그런 몸의 부담을 느끼지 못한다. 따라서 의도적으로 몸과 마음을 쉬게 해주어야 한다.

하루에 한두 번은 환경을 바꾸어주는 방법도 스트레스 해소에 도움이 된다. 환경이 바뀌면 생각이 바뀌고 기분이 전환될 수 있다. 바쁘지만 책상과 주변을 정돈할 시간을 가져보라. 주변 환경을 정돈하는 행동만으로도 조금은 스트레스가 줄어든다. 특히 점심식사 후 10분과 퇴근 시간 전 10분은 책상과 주변을 정돈한다면 스트레스 완화에도 도움이 되고 일도 더 잘될 것이다.

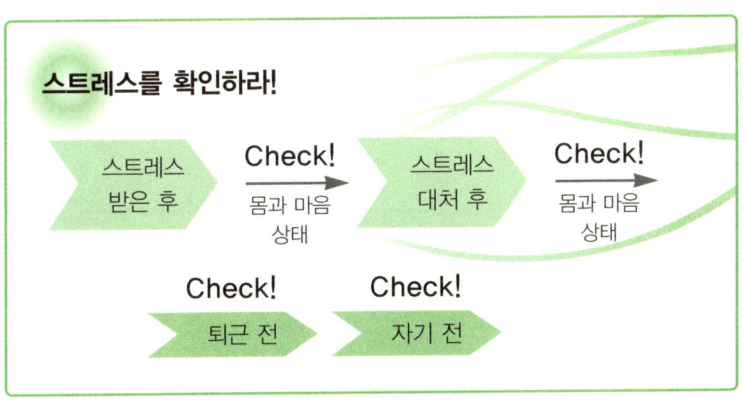

항상 자신의 일과 자신의 몸을 함께 챙겨라.

스트레스 대처법

세포에게 15분간의 휴식을 주어라.

직장에서 할 수 있는 가장 쉬운 신체 이완 방법은 휴게실이나 편안한 곳에서 편한 자세로 쉬는 것이다. 의자에 몸을 기대고 잠이 오지 않더라도 눈을 감고 호흡을 가다듬으면서 편한 자세로 15분 정도 쉬는 것이다. 피로에 지친 세포가 살아나는 데 15분 정도가 걸린다고 한다. 이렇게 쉬어도 몸의 긴장은 많이 풀리고 몸에 활력이 생긴다.

록펠러John Davison Rockefeller에게는 두 가지 놀라운 기록이 있다. 하나는 당시 세계 제일의 갑부였다는 기록이고 하나는 98세까지 살았다는 기록이다. 이렇게 두 가지가 동시에 가능했던 것은 매일 사무실에서 30분간 낮잠을 자는 습관을 들였기 때문이다.

나폴레옹은 말 위에서 잠시 자는 습관을 들여 밤늦게까지 지치지 않고 책을 읽을 수 있었다.

우리 몸의 모든 세포는 힘들게 움직인 후에 휴식을 통해 몸과 마음의 이완을 원한다. 적절한 이완 작업을 통해서 더 많은 일을 해낼 수 있다. 2시간을 일했다면 반드시 15분 이상의 휴식이 필요하다.

스트레스 대처 계획을 세워라

　사람이 위기를 겪으면 자동반응을 하게 된다. 스트레스는 위기상황에 대한 인식이고 그 상황 인식에 따라 자동반응을 하게 된다. 스트레스를 받는 순간 싸우거나 도망가는 반응을 하게 된다. 스트레스에 대한 반응은 스트레스 자극이 사라져도 여전히 그대로 몸에 남아 있어 혈압이 높고 심장과 호흡이 가쁘다. 몸이 위기상황을 선언한 다음에는 유사한 자극에 대해서도 스트레스로 받아들일 가능성이 높다. 그러므로 스트레스를 받고 난 뒤에는 스트레스 반응을 줄이는 해소 활동이 뒤따라야 한다.
　직장에서는 예기치 않게 스트레스를 받을 일이 얼마든지 일어날 수 있다. 상사의 질책, 업무의 실수, 고객과의 마찰 등으로 인해 우리의 몸과 마음은 스트레스가 하나씩 쌓여서 지치게 된다. 퇴근할 때가 되면 온몸은 마치 전쟁터에서 상처받은 병사의 몸처럼 만신창이가 된다. 이때 몸과 마음은 필요한 휴식을 취해 적절한 에너지를 보충해주어야 한다.

우리는 스트레스를 받으면 기존에 익숙하던 방법으로 스트레스를 풀려고 한다. 만약 대학 다닐 때 시험 성적이 나쁘거나 애인과 헤어졌을 때 술을 마시면서 그것을 극복했다면 직장생활을 하면서도 안 좋거나 힘든 일이 있으면 술로 풀려고 한다. 그러나 이런 방식은 스트레스를 더 악화시킬 수 있다. 우리가 불이 났을 때 대피 지침을 알고 있으면 위기상황에서 효과적으로 대피할 수 있듯이 스트레스를 받았을 때도 사전에 어떤 지침이 있으면 효과적으로 대처할 수 있다.

아침에 출근할 때 업무 계획을 수립하듯이 출근해서 업무 계획과 함께 스트레스 대처 계획도 같이 수립하면 도움이 된다. 출근하면 분명 지하철이나 버스 등 장시간의 이동으로 지쳐 있을 것이다. 어떻게 하면 상쾌하게 스트레스를 풀고 일을 기분 좋게 시작할 수 있을지 계획을 수립하고 실천해보는 것이 좋다.

업무를 시작하기 전에 심호흡을 하거나 기분 좋은 시나 글귀 또는 음악을 준비해둔다. 내가 회사에서 달성하고 싶은 꿈이나 사명을 매일 아침 읽는 것도 도움이 될 것이다. 점심을 먹고 난 뒤에는 산책을 하고 마음을 정리하는 것과 같은 자신의 에너지를 점검할 수 있는 일을 한다. 퇴근 후에는 긴장이 풀리면서 자기 자제력과 방어력이 떨어져 작은 스트레스에도 민감하게 반응하기 쉽다. 따라서 퇴근 후에 어떻게 하면 편히 쉴 수 있을지 미리 계획해두면 효과적으로 스트레스에서 벗어날 수 있다.

퇴근하자마자 목욕을 한다든지 자신을 즐겁게 해줄 수 있는 규칙을 만들어놓으면 마음이 쉽게 진정될 수 있다. 예를 들면 좋아하는 음악을 집에 오자마자 틀거나 좋아하는 비디오를 바로 본다든지 뭔가 즐기고 쉴 수 있는 일을 하는 것이 스트레스 회복에 큰 힘이 된다.

시간을 계획적이고 효율적으로 이용하면 많은 성과를 거둘 수 있듯이 매일 스트레스 대처 계획을 세워 놓으면 우리 몸은 자연히 그 계획에 따라 실천하게 된다. 업무 계획에 스트레스 대처 계획을 잊지 말고 추가하자. 그러면 스트레스에서 해방되어 행복한 직장생활을 만끽할 수 있을 것이다.

자신을 즐겁게 해줄 일들을 생각하고 실천하라.

스트레스 관리 계획

시 간	계획 업무	상/중/하	준비 사항
~08:30	업무시작 전		동기 부여, 목표 수립
09:00 ~10:00	주간업무보고		물, 자신감
10:00 ~11:00			
11:00 ~12:00			
12:00 ~13:00	식사 전		간단한 복부 운동
13:00 ~14:00	오후 업무 시작 전		좋은 글 읽기
14:00 ~15:00	고객 불만사항 처리 전화		물 옆에 두기, 초콜릿
15:00 ~16:00			
16:00 ~17:00			15분간 휴식하기
17:00 ~18:00			
18:00~	퇴근 후		비디오, 음악, 목욕, 산책
	자기 전		일기 쓰기

직무 스트레스
Job Stress Management 세미나

세미나 특징 1
세계적인 심리측정 회사인 PAR Psychological Assessment Resources에서 개발한 Job Stress Management 검사지를 활용하여 개인의 직무 스트레스를 진단합니다.

역할 과부하
역할 부적절성
역할 모호성
역할 갈등
책임감
물리적 환경

직무상의 긴장
심리적 긴장
대인관계상의 긴장
신체적 긴장

직무 스트레스 요인 검사 | 직무 스트레스 반응 검사 | 스트레스 역량 검사

여가 활동 | 자기 관리 | 사회적 지지 | 합리적·인지적 대처

세미나 특징 2
직장생활과 개인생활에서 효과적인 스트레스 관리를 가능하게 합니다.

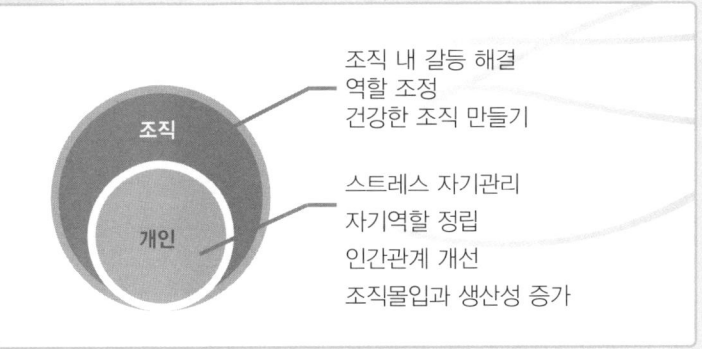

조직 내 갈등 해결
역할 조정
건강한 조직 만들기

스트레스 자기관리
자기역할 정립
인간관계 개선
조직몰입과 생산성 증가

문의/안내
세미나 일정은 www.learnerkorea.com에서 확인하실 수 있습니다.
교육 문의 : Tel) 02-729-9120   E-mail) myoh@learnerkorea.com

독자와 소통하는 열린 출판

타임스퀘어가 **'좋은 원고'**와 **'참신한 기획'**을 찾습니다

타임스퀘어는 책을 통해 세상과 소통합니다.
책은 열린 광장입니다.
사람이 책을 만들고, 책은 다시 사람을 만듭니다.

타임스퀘어에서는
읽는 이의 마음을 살찌우고,
생각과 삶을 변화시킬 기획,
세상을 바라보는 안목을 키워주는
진실한 원고를 찾습니다.

타임스퀘어는 세상과 소통하려는 사람들의
열린 공간입니다.

타임스퀘어 | 분야 | 경영 / 경제 / 인문 / 실용

서울시 마포구 동교동 113-81 (1층) (우)121-816
Tel : (02) 3143-3724 Fax : (02) 325-5607